だいわ文庫

願いをかなえる
〈神さま貯金〉

真印

大和書房

プロローグ

――「神さま」を味方につけて幸せになる方法

あなたは今、幸せですか？
今のあなたの幸福感のレベルはどのくらいでしょう？

幸福感レベル①どん底で真っ暗闇《くらやみ》～神も仏もいないって嘆《なげ》いている状態
幸福感レベル②順風満帆《じゅんぷうまんぱん》～そこそこ満足な状態
幸福感レベル③絶好調～とんとん拍子《びょうし》でありがたいと思っている状態

なぜ幸福感にこんなに差が出てくるんだろう、と思いますか。
生まれた環境？　生まれ持った運の強弱？

いいえ、違います。

それは、**神さまを味方につけているかいないか**の違いです。


これから、神さまを味方につける方法をご紹介します。

まるでコツコツとお金を貯めて貯金を増やしていくように、「いいこと」をすれば、その積み立て量に応じて、必ず「いいこと」が返ってくる――。

それが、〈神さま貯金〉。とてもシンプルな、絶対に幸せになれる「この世の仕組み」です。

あなたの心が「喜ぶこと」をすればいい

〈神さま貯金〉でいう「いいこと」とは、決して、義務感で「しなくてはいけない」ものではありません。

くわしくは本書でお教えしますが、一言で言えばあなたの心が「喜ぶこと」。

うれしくて心がホッとあたたかくなること、ワクワクすること、思わず自分からしたくなるようなことです。

しかし、私たちは知らず知らずのうちに「しなければならない」ことに縛《しば》られているような気がします。

会社、家族、友達……、取り巻かれている環境の中で、義務感や責任感が大きくなって、心が悲鳴を上げている。そんな人も多いのではないでしょうか。

たとえば、婚活パーティー。何十回と足を運んでも「いい人と出会えない」と嘆いている人がいます。

そういう人は、「年収○○万円を超えていなくっちゃダメ」「正社員でなくっちゃダメ」と、勝手に制限を加えている気がします。

でも、本当は「ありのままの自分」を好きになってくれる相手と、対等に愛し合えたら、それが一番幸せですよね。

一度そんな人と出会ってしまったら、それまで気にしていたちっぽけな〝制限〟なんて、一瞬でどうでもよくなってしまうでしょう。

「願いをかなえる人」は、神さまとうまくつながっている

〈神さま貯金〉の三つの法則については27ページでご紹介しますが、ここで一番大事なことをお話しします。

「自分の中を『ご機嫌』で満たす」。

これが、実はとても大事なキーワードなのです。

ここで、ちょっとスピリチュアルな話をします。

私たちは、どこで神さまとつながっていると思いますか？

それは魂です。私たちの体の中に宿っている魂が、神さまとコンタクトを取っているのです。その魂は、私たちの心と密接につながっています。

だから、神さまとのつながりを強くして、神さまを味方につけるためには、「心のコンディション」が重要になるわけです。

プロローグ

神さまは、私たちの「ワクワクした心」が大好きなのです。

これは、常識的に考えてみてもよくわかると思います。

心が弱っていたり、傷ついたりしていたら、自分のことで精一杯で、他人のことを気にしているどころではないですよね……。

自分を愛せない人は、うまく他人を愛せない。

自分を大切にできない人は、他人を大切に扱えない。

ってことなのです。

これでは、神さまといいご縁を結べません。

では、**心を「ご機嫌」で満たして、神さまを味方につけるには、どうしたらいいのでしょうか？**

まず始めたいのは、「いいこと」がしたくなる自分づくりです。

難しいことや世間的なことはいったんわきに置いておいて、自分の心がワクワク、ドキドキ楽しめることを始めてみませんか？

すると、「しなければならない」が「したい」に変わるときがやってきます。そのときがチャンスです。〈神さま貯金〉がどんどん振り込まれ、想像もしていなかったようなミラクルが降ってきます！

心がワクワクときめき喜び始めると、自然に人を惹《ひ》きつける魅力があふれてくるのです。こうしてあなたの心の照明が明るくなれば、いよいよ〈神さま貯金〉のボーナスポイントの出番です。

自然に、あなたにぴったりの運命の人に出会わせてもらえます。

〈神さま貯金〉なら、どんな願いも思いのまま！

〈神さま貯金〉を貯めることで次々とやってくる「いいこと」の内容は、実に多岐にわたります。天職と思える仕事に巡り合うことだってできますし、それにふさわしいお金や豊かさも手に入ります。

素敵な人たちと楽しくお付き合いすることだってできるようになります。

あなたは、自分の願いをどんどんかなえることができるのです。

私は〈神さま貯金〉を上手に貯めたことで、人生が好転していく人をたくさん見てきました。そのスパイラルは、自分を大切にし、心から楽しむ自分づくりがスタート地点になります。

幸福感レベル①の人……目の前の障害物をクリアした後は、ボーナスチャンスがやってきます。

幸福感レベル②の人……要注意。発展途上の落とし穴に落ちないように、できる限りの幸せのおすそ分けを心がけてください。

幸福感レベル③の人……「おかげさま」という感謝の気持ちを忘れずに、このまま笑顔で暮らしてください。

1章から、〈神さま貯金〉を貯める具体的な方法をたくさんお伝えしていきます。

もしかすると、中にはあなたにとって常識はずれだったり、信じられなかったりすることも書いてあるかもしれません。

でも、まずは「へえ、そうなんだ」と受け止めて、自分にできそうなことを一つでいいから、実行してみてほしいのです。

一つトライするたびに、自分のことがもっと好きになって、「人生ってこんなに楽しいものなんだ」「自分はこんなに思い通りに生きられるんだ」ということに気がつくはず。

読み終わった頃には、あなたの心に弾力が出てきて、自分をもっと大切にしたい気持ち、ワクワクすることに挑戦したくなる気持ちが自然と湧《わ》いてくることでしょう。

神さまは「自分を大切にしている人」をこそ、目いっぱい応援してくれます。

大好きなことを夢中で楽しんで、心の照明をマックスにしておいてくださいね。

神さまからの「サプライズプレゼント」が楽しみになりますよ。

真印《まいん》

願いをかなえる〈神さま貯金〉

もくじ

もくじ

もくじ

3章〈神さま貯金〉の法則②
——人の役に立つことをする

5章【実践！】神さまがボーナスを振り込んでくれる習慣

1章

〈神さま貯金〉って何ですか？

ワクワクしながら
願いをかなえる、
すごい仕組み！

絶対に幸せをつかめる、この世でもっともシンプルな法則です

皆さん、こんにちは。

スピリチュアル・カウンセラーの真《ま》印《いん》と申します。

私は愛媛県の松山出身。この地で１３００年続く、いわゆる「霊能力」と呼ばれる力を強く受け継ぐ家系に生まれました。今ふうの言葉でいうと、「スピリチュアルなパワー」といったところでしょうか。

今では生まれ持ったこの力を使って、皆さんの人生相談のようなお仕事をしています。それが、スピリチュアル・カウンセラーというお仕事。だから、いわゆる「神さま」と呼ばれる存在とお話をすることができるんですよ。

本書を手に取ってくださったあなたですから、ある程度、神さまや「目に見え

ない力」の存在を信じていらっしゃるはず。中には、存在を何となく感じている人もいると思います。

念のため、ここで断言しておきましょう。

はい、**神さまはいます。**

あなたのそばで、あなたをいつも優しく見守り、人生の道のりをガイドしてくださっています。

ただ、本書でいう神さまは、何か特定の宗教における神さまというわけではありません。一言で「神さま」といっても、この世にはいろいろな種類の神さまがいらっしゃって、私自身、そのすべてを理解できているわけではないのです。

しかし、私たちのことを温かく見守り、私たちが幸せになるように応援をしてくださっている「目に見えない存在」のことは、確かに見えています。

本書では、この私たちを応援してくれる目に見えない存在のことを「神さま」と呼びます。

神さまは、「こうすれば必ず幸せになれるよ」という仕組みを、私たちの魂にセットしてくださいました。その仕組みを、本書でご紹介しましょう。

「ほんのちょっとしたこと」で未来がグーンと広がっていく

これから、〈神さま貯金〉というこの世の仕組みについてお話しします。

〈神さま貯金〉とは、絶対に幸せをつかめる、この世でもっともシンプルな法則のこと。

まるでお金をコツコツと貯《た》めて貯金を増やしていくように、**私たちが「いいこと」をすれば、その積み立て分に応じて、必ず「いいこと」が起こります。**

あなたも子供の頃、「誰も見ていなくても、お天道さまが見ていますよ」と大人から言われたことがあるのではないでしょうか。その「お天道さま」とは神さまのこと。

神さまが見ていてくれるので、あなたが「いいこと」をすれば、必ず「いいこと」が自分に返ってくるようになっている。

これが、〈神さま貯金〉のシンプルな法則。

この世の仕組みです。

〈神さま貯金〉が貯まれば貯まるほど、神さまが喜んであなたの応援をしてくれるようになるのです。

その結果、あなたに降りかかってくる「いいこと」の恩恵は計り知れません。

たとえば……

・自分が幸福感を持って、生涯できる「やりたいこと」が見つかる
・理想のパートナーと巡り会う
・出会うべき人に出会い、素敵な人間関係に恵まれる
・楽しくてワクワクする人生が、ずっと続いていく……etc.

〈神さま貯金〉を貯めると、これらのことを、誰でもかなえることができます！

というか、そもそもあなたはこれらを実現してハッピーになるためにこの世に生まれました。

神さまは、あなたがやるべきことを見つけて、「いいこと」を楽しみながら積み立て、その結果、幸福な人生を全《まっと》うすることを心から願っています。

だから**これからの人生で、あなたがどんどん幸せになっていくことは、最初から確定済み！**

ただ、〈神さま貯金〉を上手に貯めると、その道のりがよりスムーズになります。

また、中には〈神さま貯金〉の貯め方を勘違いしているために、せっかく「いいこと」をしているのに、それがなかなかうまくカウントされない人もいます。

それはあまりにももったいない！　第一、皆さんが幸せになるよう一生懸命応援してくださっている神さまが、あまりにもお気の毒だなあ……。

そう思った私は、〈神さま貯金〉についてたくさんの人にお伝えしたくて、この本を書くことにしました。

人生に「プラスの循環」を起こす三つの法則

「いいこと」をすると、「いいこと」が返ってくる――。

でも、「いいこと」って具体的にどんなこと？　そう思ったあなたのために、神さまが喜んでボーナスを振り込んでくれる、〈神さま貯金〉の法則を三つにまとめてみました。

法則①自分の中を「ご機嫌」で満たす

法則②人の役に立つことをする

法則③やることをやったら、後は神さまにお任せするいかがですか？　どれもごく当たり前のこと。ちっとも難しいことでも、特別なことでもないでしょう。

ただ、普段あわただしく日常生活を送っているうちに、ついおろそかになりがちなことではあります。

また、人によっては、「いいこと」の意味を勘違いしていることがあります。

なぜなら、**神さまにとっての「いいこと」は、私たち人間が「世間的にいいこと」としている常識と、必ずしも一致するわけではないから。**

神さまは、人間よりもずっと高く、広い視点から世の中を見ていますから、私たちはたまにそれを誤解してしまうのですね。

大丈夫！　間違うことは、悪いことでも何でもありません。

私だって、これまでの人生で試行錯誤《さくご》しながら、神さまが喜ぶ「いいこと」をつかんできたのです。

本書では、最初に「いいこと」ってどんなことか、正確につかんでおきましょう。

すると、より上手に〈神さま貯金〉を貯めることができますよ。

「世間的にどうか」なんて、気にしない

先ほど、「いいこと」の意味を勘違いしている人が、世の中にはいると述べました。

そうなんです。私たち人間はなかなか、この当たり前の〈神さま貯金〉の法則を実行することができません。一体なぜでしょうか。

それは、**私たちはどうしても、神さまが望む「いいこと」を邪魔《じゃま》する人間の都合を、知らず知らずのうちに押し付けられてしまうから。**

幼い頃は家庭で親からしつけを受けますし、学校に入る年齢になれば校則によって縛られます。社会人になれば、社会常識を意識するようになるでしょう。

たとえば……

「口答えせず、いい子にしていなさい」

「もっと勉強しなさい」

「友達をたくさんつくりなさい」
「親は大切にしなければならない」
「学校を卒業したら、就職しなければいけない」
「結婚をして、子供を持たなければ一人前とはいえない」……

こういった言葉を人から押し付けられた経験は、あなたにもあるのではないでしょうか。

一つひとつはもっともですし、いわゆる世間的に「いいこと」とされていることばかりです。

でも、**私たち人間の個性や事情は千差万別。「世間的にいいこと」があなたにもフィットするとは限りません。**

あなたにも、頭では「そういうものか」と納得して受け入れたフリをしているけれど、実は全然腑《ふ》に落ちていないことがあるのではありませんか？

そんな、納得できない他人の言葉が自分の価値基準になってしまうと、「自分らしさ」がどんどんなくなってしまいます。

神さまの願いは、あなたが「あなたらしさ」を最大限発揮して輝くこと。

ですから、「他人の言葉」が価値基準になりきってしまっていると、〈神さま貯金〉は上手には貯まりません。

それはまるで、コツコツ貯めているつもりの貯金用口座から、いつの間にか色々な支払いのためにお金が引き落とされていて、

「あれ～、なかなか貯金の残高が増えないな？」

といぶかしく思う、あの感覚に似ています。

「いいこと」について、多くの人が勘違いしていること

一般的に「いいこと」というと、**法則②**の**「人の役に立つことをする」**をまず最初に思い浮かべがちですよね。確かに、これは大事なことです。

でも、この三つの法則の中で一番大切なのは、実は**法則①**の**「自分の中を『ご機嫌』で満たす」**なのです。

これは、**法則②**や**法則③**を実行するときの前提条件となるくらい重要なこと。

私は〈神さま貯金〉をお金以外のもので説明するとき、ショップのポイントカードみたいなもの、と説明することもあります。

ポイントカードのポイントを貯めるとき、まず台紙がないとスタンプを押すことができませんよね。**法則①**は、まさにそういうこと。

これは、**〈神さま貯金〉を貯めるための土台づくり**なのです。

まず自分自身を大事に扱ってあげなければ、〈神さま貯金〉をうまく貯めることはできません。

「苦労しないと報われない」は、もうおしまいにしよう

想像してみてください。

「そうじすること」一つを取ったって、忙しくて余裕がなく、自分のケアを十分にしてあげられない人が、すごく頑張って職場や地域のそうじをする。

これは、どう考えたって無理をしていると思います。まるで、虚空《こくう》に向かってスタンプを押したり、底の抜けたひしゃくで水をくんだりするようなもの。

神さまが究極的に望んでいるのは、すべての人が自分の人生を全うできる世界。そんな幸せにあふれた世界です。

そして、**「すべての人」の中には、もちろんあなたも含まれます。**

いくら人のためになる「いいこと」をしていても、そのために自分を犠牲《ぎせい》にしたりしてはいけませんよ、ということなのです。

神さまはあなたのことが大好きです。あなたにハッピーになってほしいと願っています。なので、人のために消耗《しょうもう》しているあなたを見たら、喜ぶどころか、むしろ悲しんでしまいます。

〈神さま貯金〉の大前提は、まず貯める人自身が満たされてハッピーであること。

神さまは、「自分を大切にしている人」が大好き。

神さまに愛されたかったら、何よりもまず、自分自身を大切にして、楽しませてあげましょう。自分の中が「ご機嫌」で満たされたら、自然とその「ご機嫌」を他人におすそ分けしたくなります。

その瞬間が、〈神さま貯金〉をグググッと貯める大チャンスです。

「あなたらしさ」がキラリと輝くと神さまは大喜び！

ボーナスをドカン！と振り込んでくれますから、「いいこと」の連鎖が次々と起きていきますよ。

「自分」を大切にできる人に幸運は近づいてくる

ここで、〈神さま貯金〉を上手に貯めてハッピーを手に入れた人をご紹介しましょう。**私のサロンに通ってくれた相談者の方に、実際に起こったお話**です。

Aさんは、彼女が中学生の頃からずっと私のもとに通い続けてくれている相談者さん。もう20年ぐらいのお付き合いになります。

初めて会ったときは、学校に通うことができず、引きこもりのような状態になっていました。それを心配した母親が、私のもとにAさんを連れてきたのです。

彼女は小学生の頃から友達に仲間外れにされるなど、クラスで浮いてしまうところがありました。

そこで小学校を卒業するタイミングで、地元から離れた私立中学に入学することで人間関係を一新させようとしたのですが、そこでも仲間外れにあってしまったようです。

私から見たAさんは、非常に優しく繊細な、素敵な個性を持った女の子。感性がとてもピュアなので、集団行動を強《し》いる学校や世俗的なクラスメイトに、どうしてもなじめなかったのでしょう。

その代わり、植物や動物を愛し心を通わせることができる、素晴らしい感性を持っていました。Aさんのお宅にうかがったとき、人間相手だとなかなか心を開かない彼女が、ペットのハムスターとはしっかりと心を通わせ合っているのを見て驚いたことがあります。彼女が名前を呼ぶと、ハムスターが喜んで飛びついてくるのです。実際に飼ったことがある人ならわかるかと思いますが、基本的にハムスターは、人になつく動物ではありません。

そんな小動物と、こんなにも豊かな信頼関係を結んでいる……。

まるで宮崎駿《はやお》監督のアニメの主人公、「ナウシカ」のような少女だなあと感心したのを覚えています。

さて、これほど繊細でピュアな彼女にとって、学校に通うことは、まるで窒息《ちっそく》しそうなくらい苦しいことでした。

そんな無理をさせることは、Aさんにとって苦行《くぎょう》でしかない――。

そう思った私は、無理に学校に行かせることはすすめず、**「Aさんは、そのままでいいと思いますよ」**と母親に伝えました。

幸い、Aさんの母親は理解のある人でした。不安なこともあったと思いますが、私の言葉に納得してくださったようです。

Aさんは、学校には卒業できるギリギリの日数しか通いませんでしたが、自営業の母親の仕事を手伝いながら、彼女なりに精一杯、充実した毎日を過ごしていました。

「マジカルに願いがかなう」ってどういうこと？

やがて高校を卒業した後、彼女は就職しました。

選んだ職業は、鍼灸師《しんきゅうし》。心優しいAさんは、人を癒《いや》せる仕事をしたいと思うようになり、専門学校に通って資格を取得。街の鍼灸サロンで働き始めたのです。

人とのコミュニケーションはやはり苦手なAさんのことでしたが、もともとが素直で誠実な性格。懸命に技術を身につけて、鍼灸師としてメキメキと頭角を現し、お客さまに喜んでもらえるようになりました。

そのサロンのオーナーは、内気なAさんのことを「不器用で一生懸命なところが、彼女のいいところ」と、まるで実の娘のように可愛がってくれました。こうした環境もよかったようです。

Aさんの表情は、どんどん朗《ほが》らかに、明るくなっていきました。

彼女を指名するお客さまは増えていき、仕事は充実。自信を取り戻したAさんは、どんどん輝いていきました。

そして、**ついにとても素敵な出会いに恵まれたのです！**

Aさんはそれまで男性と交際したことがなく、自分は恋愛には向いていないし、結婚とも無縁だと思い込んでいたようです。

しかし、そんなAさんに惹《ひ》かれた男性がいました。

それは鍼灸サロンのお客さまだった人。お客としてサロンに通ううちに、Aさんの丁寧な仕事ぶりから伝わってくる誠実な人柄に、すっかり魅了されてしまいました。

今どき珍しいくらいの奥ゆかしさで微笑ましくなってしまうのですが、彼はAさんに手紙を渡して、正式な交際を申し込んできたそうです。

Aさんは最初は戸惑《とまど》っていましたが、なにせ彼は非の打ちどころがないくらい素敵な人。見た目は格好いいし、内面も信頼できる、これまた誠実な性格。二人の相性はピッタリです。

最初は一緒に食事に行くデートをした後、意気投合した二人は交際を始め、ほどなく周囲に祝福されながら結婚をしました。

今では、Aさんは好きな仕事をしながら幸せな家庭を築いています。

この「準備」が整った人に、奇跡はやってくる

前項でご紹介したAさんのお話。これは〈神さま貯金〉がうまく作用した、典型的な話です。Aさんは〈神さま貯金〉が貯まる三つの法則を実践して、幸せを手に入れました。

まず、**法則①、「自分の中を『ご機嫌』で満たす」**。

Aさんは、自分の暮らしを充実させることに、誠実に取り組みました。家では、家事などお母さんの手助けを積極的に行ない、外では鍼灸師として自立することを目指しました。

Aさんのように、**「目の前のことに一生懸命に取り組んでいる」ときって、〈神**

さま貯金〉が確実に、しっかりと貯まっているときなのです。

次に、**法則②、「人の役に立つことをする」**。

鍼灸師としてのスキルを磨《みが》いていたときにAさんのモチベーションとなっていた思いは、「お客さまにもっと満足してもらいたい」「自分を可愛がってくれるオーナーの期待に応えて、たくさん指名をもらい、サロンを繁盛させたい」ということだったでしょう。

こうした、**人の役に立ちたいというピュアな思いからコツコツ努力をしているとき**も、〈神さま貯金〉はどんどん貯まっていきます。

最後に、**法則③、「やることをやったら、後は神さまにお任せする」**。

簡単そうに見えて、これが一番難しいかもしれません。人は弱い生き物ですから、つらいことがあると、すぐ不安に押しつぶされそうになってしまいます。

でも、Aさんはどんなにつらいことがあっても、めげませんでした。ずっと自分を信じ、目の前のことにコツコツ取り組み続けたのです。

こうした**「自分を信じる強さ」**こそ、**神さまは注目して評価してくれるもの。**

なぜなら、神さまは私たちが幸せになるために必要な手助けは全部してくれますし、応援も惜しみなく送ってくれますが、「幸せになる」のも「願いをかなえる」のも、最後の一歩は「本人の意志」次第だから。

自分を信じていない人は、「まだ準備不足だから」とか「自分にはその資格がないから」などと言い訳をして、神さまが与えてくれた「チャンス」にしり込みしてしまいがちです。しかし、**Aさんは神さまがくれたチャンスをきちんと受け取り、「想定外」の幸せを手に入れました。**

彼女の「自分を信じる気持ち」は、「神さまを信じる気持ち」でもあるのです。

「幸せ」が一気にドーッと流れ込んでくるとき

〈神さま貯金〉がしっかり貯《たくわ》えられ、神さまからの応援をグングン引き寄せているときに起こる、代表的な現象をご紹介します。

①ベストなタイミングで必要な人やチャンスが引き寄せられるようになる
②ものごとがスムーズに運ぶようになり、次々と願いがかない始める
③自分では想像もつかなかった「想定外のミラクル」が降ってくる

Aさんに起こったのも、この一連の出来事でした。

あなたはこれを他人事のように思われますか？

とんでもない！**これと同じ奇跡は、〈神さま貯金〉を貯めている人のもとに、平等に訪れること**なのです。


特に③は、「神さまからのビッグボーナス」です。私はこれを**「計《はか》らわずして計らわれる」**という言葉で表現しています。

〈神さま貯金〉を貯めている人のもとには、人間の考えるちっぽけな「想定内」

を軽々と飛び越えてしまうような、「想定外」のミラクルが降ってきますよ、という意味。

それは到底、人間の理屈で計算できるような筋書きではありません。だからロジックに慣れ切った私たち現代人の多くは、最初は戸惑ってしまうことでしょう。

でも、**間違いなくその人にぴったりの、とびきりハッピーなこと**です。

「いいこと」をした人のもとには「いいこと」が次々やってきて、願いがかなうばかりか、「想定外」の出来事が起こって幸せになる。

これが〈神さま貯金〉――非常にシンプルでやさしい、この世の仕組みです。

こんな小さな「いいこと」が、「大きな幸せ」を連れてきてくれる

「いいこと」をコツコツ積み立てると、「いいこと」がやってくる。

こう言うと、「そうか、幸せになるためには『いいこと』をしなくちゃいけないのか」と、義務感のようなイメージを抱く方もいるかもしれません。

でも〈神さま貯金〉でいう「いいこと」とは、決して、誰かに押しつけられて「イヤイヤやらなくてはいけない」というものではないんですよ。

むしろ、**うれしくて思わず自分からやってあげたくなるようなこと**です。

たとえば、職場で、隣の人が自分のデスクを拭《ふ》くついでに、あなたのデスクも拭いてくれたら「ありがとう」って言うでしょう。

飛行機の中で、頭上の手荷物入れに重い荷物を入れようと奮闘《ふんとう》しているとき、後ろからそっと手を差し伸べられたら、感動して感謝して「ありがとうございます」って言うでしょう。

こうして、人から「いいこと」をしてもらって、自分の中が「ご機嫌」で満たされると、人はその「ご機嫌」を周囲におすそ分けしたくなります。

荷物を持つのを手助けしてあげたり、道を聞かれたら途中まで一緒に行ってあげたり、疲れた顔をしている同僚にねぎらいの言葉をかけてあげたり……。そんな、**ちょっとした「ご機嫌」のおすそ分けを、思わずしたくなる**のです。

〈神さま貯金〉でいう「いいこと」とは、つまりこういうこと。

決してイヤイヤやることではなくて、うれしくて自然にしたくなること。そしてした後、**自分の中がポッとあたたかくなるようなハッピーなこと**なのです。

気づいたら「未来が開けていく」生き方

「『ありがとう』と言う人が、『ありがとう』と言われる人になります」

「『いいこと』を自分から起こす人が、『いいこと』を受け取る人になります」

これは、私がよく相談者の方にお話ししていることです。

あなたも、ちょっと気をつければ、**他人からのさりげない優しさを、しょっちゅう受け取っていることに気がつくはず。**

それを、ほんのちょっと見習って、実行してみるだけ。

すると、あなたは「ありがとう」と感謝する人から、「ありがとう」と感謝される人へと変化していきます。そして、「いいこと」を起こす人から、「いいこと」を受け取る人へと変化していくのです。


これはとてもゆっくりとした変化なので、あなた自身は自分の変化に気づかないかもしれません。でも、**確実にあなたの運命は変わります。**

〈神さま貯金〉がどんどん貯えられることで、目の前の道が自然に「願いをかなえ、幸せになるルート」につながっていくのです。

自分の「使命・天命・天職」を見つけるヒント

また、〈神さま貯金〉は、私たちが楽しくてワクワクしているときにも貯まっていきます。

この理由を説明するために、ちょっとスピリチュアルな話をします。

まず、私たちの命を構成しているものは、三つあります。

すなわち「頭」「肉体」、そして「魂」です。

「頭」は、ちょっとやっかいです。29ページで、「私たちはどうしても、神さまが望む『いいこと』を邪魔する人間の都合を、知らず知らずのうちに押し付けられてしまう」と述べましたが、それはこの「頭」の働きによるもの。

私は「損得勘定」や「計算」という言葉で表現することもあります。

もちろんこの世で生きている以上、ある程度の制約が課されるのは仕方がないこと。私たちにとって「頭」の機能が必要であることは確かなのです。

しかし、**「頭」の声を聞きすぎると「自分らしさ」が損なわれてしまう**ということは、すでに述べました。

というわけで、「頭」の取り扱い方には、少し注意が必要です。

神さまとの「つながり」を強くするには

人間を構成する「頭」「肉体」「魂」――。この三つの中で一番大切なのは、とにもかくにも「魂」である、と思ってください。

「魂」は、いつも磨いてきれいにしておいたほうがいいです。なぜなら、私たちを応援してくださる神さまとつながっているのが、この「魂」だから。

ここが汚れてしまうと、神さまへつながるパイプが目詰まりしてしまうので、神さまからの応援やメッセージが届きにくくなってしまうのです。

「魂を磨く」というと、「何か特別な修行をしないといけないの？」と考える人がいるのですが、心配しなくても大丈夫。全然、難しいことではありません。

基本は、２章から紹介する〈神さま貯金〉を貯めるアクションを実行するだけでいい。

そう、**〈神さま貯金〉を貯めることは、この魂を磨き、きれいに保つコツでもあるのです。**

あなたは「このため」に生まれてきた！

肉体は、魂が今の次元を生きるための〝仮の入れ物〟にすぎません。肉体が滅びても、私たちの魂は、何度も生まれ変わって、たくさんの一生を旅します。

なぜ、魂は何度も生まれ変わるのか？

それは、神さまが私たちの魂に、「人生のテーマ」をセットしているから。

いわゆる、「使命」とか「天命」、「天職」とも呼ばれているものです。

人生のテーマは、魂によって違います。周囲の人を支えてケアすることが神さまから与えられたテーマという人もいれば、自然を守り戦うことがテーマという人もいます。

自分の魂にセットされたテーマが何なのか、みんな最初から自覚しているわけではありません。**というか、それに目覚めることまで含めて、神さまからの宿題なのでしょうね。**

それをクリアするまでに何度も転生（生まれ変わる）するのは、みんな同じ。仏教で「輪廻転生《りんねてんしょう》」という言葉がありますが、私に見えている世界は、それに近いと思います。

天上界から見ると、私たちが今生きている、いわゆる「この世」は魂の研修所のようなところ。私たちはみんな、研修所で毎日せっせと魂を磨いているわけです。神さまから与えられた「テーマ」を追いかけるために。

また、同じく仏教には、「解脱《げだつ》」という言葉があります。

私たちがこの世の中で目指すべき最終目標を達成したら、「輪廻転生」のサイクルから離れることができる、というもの。私に見えている「魂」のサイクルも、これに近いものです。

ただ、私は、そこまで高尚《こうしょう》なことは目指さなくてもいいと思っています。もっと軽やかに、こうとらえましょう。

この世で生きるということは、ゲームで楽しく遊ぶようなもの。**子供が夢中になってコンピューターゲームをプレイしているイメージ**です。そして、私たちの魂にセットされたテーマは、ゲームの〝クリア目標〟というわけ。

私たちはそれぞれ、神さまから「こういう人生の目標を達成しましょう」という〝クリア目標〟を与えられて、この世に生まれるのです。

そして、これを達成した後は安らかに眠り、また次の肉体に転生し、よりステージの高い人生を生きます。そこでもまた、魂には〝クリア目標〟がセットされているので、それにチャレンジしていくのです。

そうして、自分のテーマを追いかけながら次々と人生のステージを上げていくと、そのうち「合格！　これ以上は転生しなくてもいいですよ」という地点に到達します。**ゲームをクリアし、感動のエンディングを迎えるイメージ**です。

こうして合格点をもらった魂は天上界にのぼります。「肉体」という器に生まれ変わることはもうありませんが、その代わり、後輩の魂たちの応援にまわることになります。

これが、〈神さま貯金〉でいう「神さま」の正体です。

「ずっとやりたかったこと」をやってみよう！

ちなみに〝クリア目標〟は、魂ごとにセットされていて、転生した先の人生でも同じように目指すようです。

たとえば、原始時代に洞窟《どうくつ》で絵を描いて周囲の人にメッセージを残していた人が、現世では新聞記者として、地域のニュースを届けるために活躍していたり、前世では吟遊《ぎんゆう》詩人として生計を立てていた人が、現世では聴く人の心を震《ふる》えさせるギタリストになって暮らしている、といったふうに。
そんな、興味深い〝一致〟が起こるのです。

だから、**私たちの魂が宿る肉体も、必ず「その人のテーマ」にふさわしい特性を持ったものが選ばれます。**

先に挙げた例であれば、メッセージを伝えることがテーマの人は、行動的で使命感にあふれた肉体に生まれますし、音楽を奏《かな》でることがテーマの人は、芸術的な才能や感性のある肉体に生まれつくでしょう。

だから、〈神さま貯金〉でいう「いいこと」は、絶対に「自分にとってワクワクすること」「楽しいこと」であるというわけ。

また、子供の頃ワクワクした遊びこそが、「生まれ持った魂のテーマに直結している」ということは非常に多いのです。

私たちは大人になるにつれて、親や学校から刷《す》り込まれる「常識」に染まって魂のテーマを見失ってしまうことが多いのですが、子供の頃だけは別です。

「自分のテーマは何だろう？」と気になった人は、子供の頃好きだった遊びや、行くとワクワクした場所を思い出してみるといいでしょう。

きっと、自分の魂のテーマを思い出す、重要なヒントを得られるはずです。

What?

「運命の仕事」は必ずある

前項で、〈神さま貯金〉を振り込んでくれる神さまの正体についてお話ししました。実はここに、なぜ神さまが私たちの応援をしてくださるのかについてのヒントがあります。

神さまだって、もとは私たちのように、この世で〝クリア目標〟を達成すべく、それぞれの人生を必死に生き抜いた人たち、私たちと同じ人間でした。

つまり神さまは、いわば、私たちの〝先輩〟です。

あなただって、職場や部活の後輩のことは、可愛いでしょう？　困っているとつい心配になったり、助けの手を差し伸べたくなったりしませんか？

それは、神さまだって同じです。人生を全うすることの大変さを知っているからこそ、神さまは、後輩である私たちを、つい応援せずにはいられないのです。

「でも……。神さまに助けてもらいっぱなしでいいの？」

そう思うかもしれませんが、心配はいりません。

ずっと先、いつになるかはわかりませんが、いずれ必ず、私たちも神さまとなって、後輩たちを応援する立場になります。

だから、**今は神さまの力を思いっきり借りていい**のです。それが神さまの喜ぶことなのですから！

神さまにどんどん頼って甘えて、上手にハッピーになりましょう！

「ああ、ここに来るための道だったのか」

51ページでも述べたように、私たちの魂のこの世での重要なミッションは、自分のテーマを思い出し、それを全うするために生きることです。

「自分には、『やりたいこと』なんて特にないし……」

もし、こんなふうに思っていたとしても気落ちしないでくださいね。

だって、それってごく当たり前のこと。

生まれてすぐに「自分のテーマ」を見つけて、それを極める人生を一直線に生き抜く！なんていう生き方の人は、現代ではごく少数派。なぜなら世の中は以前より格段に複雑になりましたし、ネットの発達で膨大な情報が錯綜《さくそう》しています。

さまざまな紆余《うよ》曲折《きょくせつ》を経てから、やっと「自分のテーマ」にたどり着く——。

そんな人のほうが、今では断然多数派なのです。

むしろ、人生の紆余曲折は、本当のテーマを追求するための「準備期間」なのでしょう。**一見、回り道のように見えても、そこであなたが得た気づきや知識、人間関係といった財産は、後々の人生で必ず必要になってくる**のです。

今はまだ、「途中」だから大丈夫

神さまは、私たちが人生を楽しみながら全うできるよう、さまざまな仕掛けを用意してくれています。そして、**最後はちゃんと幸せになれるように仕組んでくれているのです。**

だから、私たちは人生で出合う「いろいろなこと」を、腹をくってやりきるしかありません。それらを受け止めてクリアすれば、あなたは必ず「レベルアップ」して、「魂のテーマ」にどんどん近づいていくことができます。

それにあなたがもし、本来の「自分のテーマ」から外れてしまったとしても、神さまは必ず、あなたを元の道に戻してくれます。

そのためには、神さまは惜しみなく力を貸してくれます。

あなたにとって必要なお金も、必要な人も、必要な出会いも、必要なチャンスも、必要な情報も……すべてが与えられます。

だから、〈神さま貯金〉を貯めていくにつれて、どんどん人生から「不安」や「迷い」が消えていき、自信を持って前に進めるようになるでしょう。

「経験すること」すべてが〝天職〟への布石

かくいう私自身、最初から自分の魂のテーマに沿った、理想的でスムーズな人生を歩んできたわけではありません。

くわしくは次項でお話ししますが、私は子供の頃から**「ほかの人には見えないもの」を見る力**がありました。いわゆる「霊能力」と呼ばれるものです。

しかし、30代の頃までは、その力をずっと〝封印〟して、人にバレないように気をつけていました。「変な人」という目で見られることが怖かったからです。

だから、私の仕事人生は、最初はスピリチュアル・カウンセラーではなく、美容師からスタートしました。

私の両親は厳しく、門限などが厳格に決められていたのです。自由がなく息苦しい親元から早く離れて、経済的にも自立したい。

「そのためには、自分でお金を稼げるようにならなくては！」

そう考えた私は、10代で郊外にあった実家を飛び出し、松山市内の美容院で働き始めました。当時は今ほど女性が働くことが一般的ではない時代で、女性が就ける職種も今より限られていました。

しかし、私は、いわゆる「若いうちしかできない仕事」「腰かけの仕事」はしたくなかった。**「一生続けられる仕事」がしたかったのです。**

美容師は、スキルと経験を積めば積むほど、自分の実力になっていきますよね。誰かの髪の毛をきれいに整えてあげることは大好きでしたし、自分は必ず、美容師として独り立ちしよう！　そう、私は決めていました。

自分らしく生きるための「最初の関門」

とはいえ、いきなりお客さまの髪を切ることはできません。

誰でも最初はアシスタントからのスタートです。先輩美容師のお客さまのシャンプーを担当したり、切った髪を掃《は》いて集めたり、パーマのカールを巻くのを手伝ったりすることが、アシスタントの仕事です。

それに加えて、私が勤めていたお店では、先輩から細々《こまごま》とした雑用を頼まれることがよくありました。

「早く美容師として一人前になりたいのに、先輩からの頼まれごとを全部こなしていたら、自分の技術を磨く時間がなくなる……。こんなのナンセンスだな」

そう考えた私は、一計を案じました。

「**これは商売なんだから、私も売り上げを上げればいいんじゃない？** 自分が上げた売り上げが、自分のお給料より上だったら、お店に貢献していることになる」

私が考えたアイデアは、カットモデル募集のチラシをつくって街でまき、集客するというもの。

最近は無料でカットモデルを募集している美容院が多いようですが、当時は安価で練習台としてのカットモデルをお願いするのが主流でした。

そうやって、一人あたり1500円ぐらいの安い料金に設定したのです。

「その価格なら、アシスタントでもいい。ぜひあなたに切ってもらいたい」

そう言ってくれる人はたくさんいました。

美容院のオーナーにとっては、たとえ料金が安くてもお客さまがたくさんやってくるのはありがたい話。このアイデアは歓迎されました。

大勢のお客さまの髪をカットすればするほど、技術はメキメキ上達します。気づけば、私はすぐに、先輩たちと同程度の技術を身につけていました。

どんな人にも喜ばれる、ちょっとした工夫

その次に心がけたのは、**自分のファンをつくること。**お客さまからの指名が多く取れるほど美容師としてステップアップできるので、自分のファンをどうやって増やそうかと考えたのです。

そこで、私は**「ほかの人がやっていないことをしよう」**と思いつきました。

最初に心がけたのは、お客さまのペットの名前を覚えることです。私自身が動物好きだからでしょうか、人のペットの名前をすぐに覚えられるのです。

お客さまとペットの話で盛り上がったら、次に来店されたときに、たとえば「ピッピちゃん、お元気ですか」と尋ねる。

すると、お客さまは非常に喜んでくれます。家族や友人の名前よりも、ペットの名前を覚えてもらえるほうが人はうれしいものなんだというのは、自分でも意外な発見でした。

それがきっかけとなって、私の指名はぐんぐん増えました。

お客さまに喜んでもらえるのは、とてもうれしい。**その喜びを知った私は、そのうち、封印していたもう一つの〝裏技〟も、使うようになっていった**のです。

このために「動きたくなるとき」が必ずくる

封印していたもう一つの〝裏技〟……。

そう、それが私のスピリチュアルなパワーを使って、お客さまの相談ごとに乗ってあげること。

くわしくは88ページで述べますが、**私は意識を集中すると、相手を取り巻く人間関係や、その方の過去や未来のことがわかる**のです。

それをもとにアドバイスをすると、お客さまが驚き、喜んでくださる。そうして相談した方の未来がハッピーになることは、私もとてもうれしい。

この〝裏技〟は、評判に評判を呼びました。

最初は、美容院での施術のかたわら、「おまけ」として行なっていたカウンセリングが、だんだん仕事の中心になっていきました。たくさんの人が、日本中から「相談に乗ってほしい」と私を訪ねてくれるようになりました。

そこで、私は自分のスピリチュアルな力を深めるために、占星術や姓名判断、歴史の本などを読んで勉強しました。

勉強といっても、自分の好きなこと、興味のあることですから、もはや趣味のようなもの。

楽しみながら学ぶうちに、いつの間にか「スピリチュアルな力を使ったカウンセリング」のほうが本業となり、自宅をサロンとして独立。

人間関係もどんどん変化し、出会うべき人に出会い、本の執筆依頼や雑誌の取材も途切れなく舞い込むようになりました。

心から幸せを感じられる人生を歩みだし、現在に至っています。

最初は、まったく別の仕事をしていた私が、ふとしたきっかけで、自分に与えられたスピリチュアルな力を使い、人の役に立つという「いいこと」に目覚めた。

その「いいこと」をコツコツ積み立てていくうちに、〝天職〟に出合い、ハッピーがどんどん連鎖して、人生がより豊かに広がっていった——。

私の人生に起きたこの一連の流れも、やはり〈神さま貯金〉の効果なのです。

なぜ、私が〈神さま貯金〉について皆さんにお話しできるのか

私になぜ、スピリチュアルな力があるのか。

皆さんに〈神さま貯金〉についてお話ができるのか。

それを納得していただくために、もう少し私自身のことについて自己紹介をしましょう。


世の中には「前世の記憶がある」という人が、まれにいらっしゃいますよね。

私にも、今の自分として生まれてくる前の記憶があるんですよ。

53ページで、クリア目標を達成した魂は、天上界で、神さまの仲間となってほかの魂を応援する、と述べました。

天上界は魂の「ふるさと」のようなところです。あたたかな光で満ちあふれた、とても気持ちのよい場所。

本来、私はこの世での研修を終え、天上界で神さまの仲間となるはずでした。

しかし、なぜかあるとき突然、またこの世にポンと産み出されることになってしまったのです。天上界にいた私の魂は、何かスクリューのような、ものすごい吸引力のあるものの中に吸い込まれ、グルグル回りながら母親のお腹の中に入りました。

「なんて窮屈《きゅうくつ》なの！　せっかく研修を終えたと思ったのに、なぜまた生まれてこなければならないのよ！」

と思った記憶があります。

本当は研修を終えて天上界に残るはずだった私が、なぜまたこの世に産み落とされてしまったのか……。

理由はわかりませんが、何らかの「宿題」をやり残していたのかもしれません。

私はまた人間の肉体に入って、人生を歩み始めることになったのです。

こうして私は「自分の使命」を果たすようになった

そして今、私が生まれついたこの肉体も、スピリチュアルな特性を強く持っています。というのも、**私は松山で1300年続く、いわゆる「霊能力」を強く受け継ぐ家系の出身**なのです。

たとえば、私の祖母と曾《そう》祖母は、松山で、「拝み屋さん」の仕事をしていました。何かにとりつかれたような状態になって苦しんでいる人たちが、祖母や曾祖母のもとにやってきます。

彼女たちが、その人の〝悪霊〟や〝邪気《じゃき》〟といった憑《つ》き物を祓《はら》い落とすと、皆さんがとたんに元気になる――。そんなさまを、幼い頃から私は目の当たりにしてきました。

私自身、子供の頃から「ほかの人には見えないもの」が見える力がありました。

とはいえ、私はすんなりと家業を継いだというわけではありません。

スピリチュアル・カウンセラーになる前は、むしろこの不思議な力を、頑張って〝封印〟しようとしていました。

だから最初は美容師としてキャリアをスタートさせ、そこからさまざまな紆余曲折を経て、本来の人生のテーマに戻ってきたことは、前項でお話しした通りです。

いずれにせよ、私は自分の魂のテーマが**「神さまとこの世の橋渡しをして、人助けをすること」**だと考えています。

そのためにも、〈神さま貯金〉のことを、広く皆さんに知っていただきたい――その思いから、この本を書いているのです。

〈神さま貯金〉がいい感じに貯えられているとき、神さまからは「メッセージ」という形で、応援がどんどん届けられています。それが具体的にどんなものなのか、次項からくわしくご紹介します。

「神さまからの大事なメッセージ」を受け取る方法

何となく、そう思う。
なぜかしっくりくる。
ふと「ピン!」とくる。

これらの感覚、つまり**「ひらめき」は、神さまが私たちに送ってくるメッセージの代表的なもの**です。

たとえば、最近よく、タイへ行く旅番組を目にする。友達とおしゃべりしていると、ふとタイ行きの格安航空券を手に入れる方法を教えてくれる。偶然参加したたこ焼きパーティーで意気投合した人が、まさにタイに行ってきたばかりで、お土産にご当地のおいしいお菓子をくれた……。

こんな偶然が重なって、

「あ、タイに行ってみたい」

そんな感覚に襲われたことは、ありませんか？

他にも、友人のホームパーティーに行ってみたところ、外国人のゲストが来ていた。大いに話が盛り上がり、もっとその人とコミュニケーションを取りたくなったけれど、自分の英語力のせいで、どうにも歯がゆい思いをした。

「ああ！　自分がもっと英語を話せたらなあ」

こんなことって、普段よくありますよね。

断言します。それらはすべて、神さまからのメッセージです。

「タイへ行きなさい」

「英会話を学びなさい」……ｅｔｃ．

神さまがお茶目にウインクしながら、あなたを〝そそのかしている〟のです。

そんなとき、思い切ってチケットを取ってタイに行ってみたら、偶然、生涯《しょうがい》の友人になり得る、驚くほど気の合う人と出会った。そのとき英会話を学び始めたことで、職場で海外留学のチャンスをつかむことができた。

そんなふうに、**あなたの人生に「いいこと」がどんどん起こっていく可能性はとても高い**のです。

このような神さまからのメッセージは、実は常に私たちに降り注いでいます。

運命のサインは、何も「すごいもの」「特別なもの」ではない

「あなたにも常に神さまからのメッセージが降り注いでいます」

私は相談者さんにもこうお話しするのですが、皆さんなかなか信じられないようです。

「自分にそんなものを察知する力があるなんて」

「真印さんみたいな、特別な能力のある人にしかわからないのでは？」

そんなふうに考えている人が多いのです。

確かに、私はスピリチュアル・カウンセラーという職業柄、神さまからのメッ

セージを受け取ることに普通の人より慣れていると思います。

そのメッセージは「声」というはっきりした形で届くこともありますが、**普段私が神さまから受け取っているメッセージはもっと、ごく些細《ささい》なこと**です。

まさに風に葉が舞うような、注意していないと気づかないような、ちょっとしたこと。まったく「神がかった」ものではないのです。

皆さんも普段、遭遇《そうぐう》しているようなことばかりなんですよ。

例として、私が受けた神さまからのメッセージをご紹介しましょう。

最近、私はサロンを、愛媛県の松山から東京に移しました。

生まれてからずっと住み慣れた地元を離れての移転。しかも、60歳になってからの決断です。

当然、周囲の人はとても驚きました。強く引き留めてくれた人も大勢いました。

後ろ髪をひかれる思いでいっぱいでしたが、それでも、私は「引っ越さなければならない」と強く思ったのです。

神さまがくれる〝ヒント〟を敏感にキャッチするだけで……

そのきっかけは、ある日の朝のこと。松山のサロンで、朝の準備を済ませた私は、「さあ、これから仕事を始めよう」といつもの椅子に座りました。すると、受け付けを担当してくれている夫が、その日のスケジュールを書いたメモを、コーヒーと一緒に私のもとに持ってきてくれました。これは、毎朝の日課となっていることです。

さて、夫がお盆をテーブルにのせようとしたとき、ふと風が吹いたのでしょう、**お盆の上のメモがハラリと舞い、床に落ちた**のです。

拾い上げてメモを見てみると、その日の予約が、いつもより妙に少ない……。

「風でヒラヒラ舞うくらい、軽い（少ない）予約なのね」

と冗談を言って、夫と笑い合いました。

しかし、**私にはこれが「神さまからのメッセージ」であるとピンときた**のです。

「普段は風で飛ばない予約メモが、今日に限ってヒラヒラと風に飛んだ。**これは、サロンの運営について見直しなさい、そろそろ自分の進路を考え直してみなさい、というメッセージなのでは……**」

そこからの行動は、自分でも早かったと思います。

まず、夫と相談して、二人でバリ島に旅行に行きました。サロンの運営をこれまでと変えるにはどうしたらよいのか、頭をリフレッシュして、じっくり考えてみたかったのです。バリ島では、時間の流れが日本と全然違います。そのおかげで、さまざまなアイデアがわきました。サロンを東京に移したのは、そこでひらめいたアイデアの一つです。

これからどんどん人生をよくするコツ

東京に越してから、サロンにいらっしゃる相談者さんのバリエーションが増え、私にとって大きな学びになっています。メディアに取り上げてもらう機会も増えましたし、刺激になる知人、友人もより一層増えました。

最近は近所にあるジムに通ってピラティスを習っているのですが、そこで出会ったコーチがとても勉強熱心で面白い人！　その人にすすめられて、私は今度、ピラティスの本場、ニューヨークに留学してみようと思って、まさに今、準備を進めています。

松山にいた頃以上に、**自分の生活の幅が広がり、人生がより刺激的になっていること**を感じています。

私がもし、あの朝、メモが風に舞ったときに、「あ、飛んじゃった。今日は風が強いのね」で済ませていたら、このような展開はなかったでしょう。この本を書くこともなかったと思います。

そう考えてみると、**日常の些細なことに「意味」を見出すだけで、未来の展開がガラリと変わってくることが、よくわかる**のではないでしょうか。

神さまを身近に感じ、メッセージを日常のあらゆる場面で感じ取ることは、私たちにとってものすごく「お得なこと」だらけなのです。

What?

必要なのは「自分のひらめき」を信じる力

「ひらめき」は神さまからのメッセージですから、とても重要な判断基準。

必ず、そのときの自分にとって必要な、大切なヒントが隠されています。

そして、ひらめきとは一瞬で消え去ってしまう、はかないものでもあります。

だから、私は**「思いついたら、すぐ行動」**をモットーにしています。

うっかりしていると、せっかくのひらめきも日常の些《さ》末《まつ》な出来事に流されて、すぐに忘れ去られてしまいますから。

もっと言えば、そこには、

「理由なんてなければないほうがいい」

「準備なんてしなければしないほうがいい」

とさえ思っています。

一般的に、「ものごとはよく考えて準備してから行動するほうがいい」と言われていますよね。それが、いわゆる「常識」とされています。

でも、それって誰が決めた、何のための「常識」なんでしょう？

そんなことを気にするよりも**「自分のひらめき」に従って、もっと大胆に行動をしてみませんか。**必ず、あなたの人生に、今以上に「いいこと」が起こっていきますよ。

この〝導かれている感じ〟を大切にする

私が愛媛県の松山でサロンを開いていた、もう十数年前のことです。

ある日の夜、営業を終えた後、ふと「奈良の明日香村にある石舞台古墳《いしぶたいこふん》から、二上山《にじょうさん》を眺めたい」と思いつきました。

一体なぜ、石舞台古墳？　二上山？

そして、今日、今から??

理由はまったくわかりません。もちろん、自分が今いる愛媛から奈良は、決して気軽に行ける距離ではありません。しかも、翌日は朝から仕事があります。もう暗くなりかけている今から出発して、明日の営業時間までに戻ってこられる保証はない……。

しかし、**私の「なぜかわからないが、今行かねば!」という気持ちはどんどんふくらんでいきます。**

フェリーの時刻表は見た? 今日、泊まる場所は決めた? 向こうに頼りになる知人はいる? その人に連絡はした?

答えは、すべてノー。ないないづくしの、ないづくしです……。

しかし私は準備することなくすぐに自宅を飛び出して、車に乗って奈良に向かいました。それが神さまからのメッセージだと思ったからです。

まずは徳島まで向かい、そこにある港から車ごとフェリーに乗って和歌山まで渡ります(一応、当時はフェリーが24時間体制で運行しているということは知っていました)。

その日の夜中に、私は無事、明日香村に到着しました。

道中は不思議とスムーズでした。特に、フェリー乗り場に到着したときのことは今でもよく覚えています。

私がフェリー乗り場に走り込むと、そのときまさに、その便の最後の乗客がフェリーに足を踏み入れるところという、奇跡のようなタイミング！

これを見たとき、**私はまさに今、神さまが導いてくれていることを確信したの**です。

「ふとした思いつき」に隠されていた幸運メッセージ

さて、石舞台古墳に到着し、二上山の方向を見上げると、ＵＦＯのような光の塊が夜空をたくさん横切っているのが見えました。

なんて幻想的な光景……。

気がつくと、私の周りに何人もの人がおり、みんな夜空を見上げていました。

おそらく私同様、神さまから「今日、ここに来なさい」というメッセージを受け取り、それを実行した人たちなのでしょう。

それに導かれた人だけが、今日ここに、こんなに大勢集まっている——。そのことも、私を大きく勇気づけました。

今、スピリチュアル・カウンセラーとして働いていること、自分のサロンで訪れる方々の人生相談を受けていることは、「自分の魂のテーマに合致していることなのだ」という確信を持つことができたのです。

私は、神さまに**「素晴らしいものを見せてくださって、ありがとうございます」**とお礼を言いました。

その晩は自分の車で休憩を取り、翌朝はすぐ松山にとんぼ返り。帰りの道のりもスムーズで、サロンの営業時間に問題なく間に合いました。

一見、体力的にきつそうな、衝動に身を任せた弾丸旅行。でも、素晴らしい刺激を受けた私は、疲れなど何のその。むしろ元気いっぱい、リフレッシュした気持ちで、またその日から自分の仕事に邁進《まいしん》することができたのです。

何もしなければ、何も変わらない、何もかなわない！

もし私があのとき、

「今すぐ奈良に行くなんて急すぎる。ゴールデンウィークまで待とう」

なんて考えていたら、この奇跡のような体験をすることはなかったでしょう。

やはり、神さまがそのタイミングでメッセージを送ってきてくれたのは、何らかの意味があってのことなのです。

たとえ今すぐに「自分の人生を変える何か」が起きなかったとしても、あなたの未来に役立つヒントを与えてくれていることは間違いありません。

だから、行動を起こすときに不安にならなくても大丈夫。

神さまは後から必ず、その「思いつき」の意味を教えてくれます。

繰り返しますが、**何かが気になるとき、「理由」なんてなければないほうがいい。**

だって、「自分はこれこれこういう理由で、○○が気になるのです。好きなのです」とうまく説明できるなんて、かえって不自然です。

それこそまさに、頭の作用です。そこには、おそらく損得勘定が働いています。〈神さま貯金〉でいう、「ひらめき」や「ときめき」は、もっとピュアでフワフワしたものです。

あなたがふと、

「なんだかワクワクする」
「理由はわからないけれど、ときめく」
「自分は、これが好き！」
「この人に会いたい！」

こんな衝動を覚えたとき。あなたはそういった**「思わず心が動く瞬間」**を、当たり前のものだと思ってはいませんか？

はっきり言います。**それらは全然、当たり前のものなんかじゃありません。**

こういった心おどる気持ちが自然に湧き上がるということ自体が「奇跡」のようにありがたく、素晴らしいもの。まさに、**「神さまからのプレゼント」**です。

こうした宝物のように貴重な思いは、それにふさわしく、大切に扱ってあげなければいけないと思います。

でないと、感性がだんだん鈍くなっていって、しまいには何を見ても、誰に会っても、心に響かなくなってしまうかもしれません。

「ピン！」ときたら、すぐに動こう

神さまからのメッセージを無視し続けていると、どうなるか？

これは、**神さまの立場を自分に置き換えてみるとわかりやすい**と思います。

いわば、あなたがお友達に手紙やメール、LINEなどを送っても送っても、返事がないのと同じ状態。送り甲斐《がい》がないので、そのうち神さまもサインやメッセージを送ってくれなくなるでしょう。

ですので、**メッセージを受け取ったら、とりあえず何かしらアクションを起こしてみること**をおすすめします。

「それをして、いったい何の役に立つの？」

こんな〝計算〟は、頑張って封印。こうした計算をいつも判断基準にして行動していると、つい考えすぎてしまい、自然な衝動に身を任せることがどんどん難しくなってしまいます。

当然、これでは〈神さま貯金〉もうまく貯まりません。

こうしたメッセージは、そのとき取り組んでいることが、魂のテーマに合致しているときに届きやすいようです。**神さまが応援するために、後押ししてくれているの**です。

「ひらめき」が降りてきたときは、自分が今、正しい道を進んでいるときなのだと自信を持って、衝動に身を任せてみましょう。

そこから、運命が動きだしますよ。

2章

〈神さま貯金〉の法則①

自分の中を「ご機嫌」で満たす

心から楽しんでいるとき、人は〝発光〟している

この章では、〈神さま貯金〉の一番大切な法則である、「自分の中を『ご機嫌』で満たす」ための具体的な方法をお話ししますが、その前に、私がサロンに来る相談者さんに行なっているリーディング（透視）について、少しご紹介しておきましょう。

私は、強く意識を集中すると、その人の背後にあるビジョンを見ることができます。ビジョンは、木や花のような植物が見えることもあれば、その人自身の未来の姿であることもありますし、その人を守ってくれている神さまである場合もあります。

もっとも多いのは、光（オーラ）で見えることでしょうか。それは、その人の

魂が発しているエネルギーのようなもので、ゴールドやシルバー、パープルなどの光で見えます。

そこで見えたビジョンから、神さまが何を伝えようとしているのかを読み取って相談者さんに伝えるのです。

「その人の魅力」が一番輝くとき

私のところに相談に来る方は悩みを抱えていることが多いので、今にも消えそうなオーラになっていることもあります。しかし、そんな方でも、相談を終えて心のわだかまりがとけると、帰るときには見違えるようにオーラが明るく輝きだします。

人のオーラがもっとも輝くのは、やはり自分が好きなこと、夢中になれることをしているときです。

たとえ困難に直面していても、自分を信じて好きなことをしている人は、魂がしっかりと発光しています。

人はそんなとき、傍《はた》から見ても明らかにキラキラしています。その人の個性にぴったりの人が周囲に集まってくるのは、決まってそんなときです。

自分を〝さらけ出して〟生きてみると、何が起こる?

自分をキラキラ〝発光〟させたことで、運命の人を引き寄せた人の話を紹介しましょう。

Bさんは、初めてお会いしたときから印象的な女性でした。とても情熱的な魂をお持ちなのです。彼女の魂には、おそらくラテン系の流れが組み込まれているのでしょう。前世は、著名なダンサーだったのかもしれません。

ラテンのリズムが大好きで、踊ることも大好き。頭の中にはいつも情熱的なリズムが流れていて、それに合わせて体を動かすことが楽しくてたまらないのです。

意外にも、そんな彼女の職業は看護師。普段は白衣を着て、真面目に仕事をこなしています。

職業柄、患者さんをケアしたりサポート役にまわったりするために、どうしても本来の「自分らしさ」をおさえて、実際よりも「控えめな自分」でいなければならないそうです。

情熱的で激しい「本当の自分」を、仕事中は出すことができない——。

そんな息苦しさに悩んで、Bさんは私のところに相談に来られたのです。

私は、彼女の中にたまった鬱屈《うっくつ》した感情を発散させるために、何か体を動かすような趣味や習いごとをしてみては、と提案しました。

魂と体は密接につながっているので、魂がくもっているときは、とにかく体を動かすことが一番なのです。

そのアドバイスを受けて、Bさんはサルサ（ダンス）を習い始めました。

ラテン音楽に合わせて激しく体を動かすサルサは、情熱的なBさんの魂にぴったりでした。

彼女はオフの時間、思いきりサルサにのめり込みました。

踊ること自体が楽しいし、夢中で踊っているうちにメキメキとダンスのスキルが上がり、以前はできなかった動きができるようになるのがまた楽しい。

しかもサルサ教室に行けば、職場にはいなかったような、気の合う人たちとたくさん出会える……。

Bさんはついに、鬱屈した精神状態から脱出しました。そして、

「私は今、人生を思いきり楽しんでいる！」

という、ハッピーで満たされた状態になったのです。

そんなときです、彼女の前に「運命の人」が現れたのは。

お相手は、同じサルサ教室に通っていた男性でした。彼は公務員をしています。仕事中はかっちりとしたスーツを着て、本当の自分をおさえて生きている人。

しかし、彼の魂はとびきり情熱的で、Bさん同様、ラテンのリズムに合わせて踊りだしたくなる、ユニークで激しい熱を持った人でした。

この二人、ものすごく共通点があると思いませんか？

当然、二人の相性はピッタリ。瞬《また》く間に恋に落ちて、数カ月後にはゴールイン。

今では、可愛いお子さんも生まれて、幸せな家庭を築いています。

「あなたにぴったり」の人や物を神さまは教えてくれる

一体なぜ、これほど相性ぴったりの二人が巡り会ったのでしょう？

それはBさんが**自分の魂を〝発光〟させたから**です。

何かに夢中になって楽しんでいるとき。そうして、自分の中が「ご機嫌」で満たされているとき。

そんなとき、必ずその人は輝いています。霊能力がない人でも、それは一発でわかります。それくらい、ものすごく魅力的なのです。

だから、**その人にぴったりな人が引き寄せられてくる**のです。

魂が〝発光〟しているとき、そのキラキラは、ポジティブなエネルギーとなって周囲の空気を振動させます。

すると、その振動に共鳴する人が必ず現れます。

それはまさに〝音叉《おんさ》〟のようなイメージです。**必ず、自分の波長にぴったり合った人と響き合うようになっている**のです。

だから、魂が〝発光〟しているときに出会った人は、100%あなたと相性ぴったりの「運命の人」。神さまの采配《さいはい》ですから、こんなときの出会いは間違いありません。

人は、こうした電撃的な出会いを見ると、

「奇跡的だね！」

と言って驚きますが、〈神さま貯金〉の仕組みからすると、ごくごく当たり前のこと。私に言わせれば、当然のことで、ミラクルでも何でもないのです。

神さまが〝チャンスをつくってあげられる人〟の特徴

私のサロンに相談にいらっしゃるお客さまを見ていても、「結婚」や「恋愛」についての相談は、やはり根強く人気があります。

このお悩みを抱えている方に多いのは、30歳前後とか40歳前後など、年齢の節目を迎える女性たち。

普通なら、ここで婚活パーティーやお見合いに行くことを彼女たちにすすめるのかもしれませんね。しかし、私はそうした場所で「運命の出会い」を見つけるのは難しいと思っています。

少し遠回りに思えるかもしれませんが、まずは自分が「心から楽しめること」を見つけ、それを実行することで、自分の中を「ご機嫌」で満たすこと。

結局、それが一番の近道だと私は考えています。

自分自身を好きになり、大切にできるようになって初めて、あなたを好きになり、大切にしてくれる人と巡り会う――。

この世の仕組みは、そうなっているのですよ。

「いい出会いがほしい人」への意外な処方箋

ここで、私からの一見意外なアドバイスを受けて、素敵な結婚をしたCさんの話を紹介します。

Cさんは私のところに相談に来たとき、こんな悩みを打ち明けてくれました。

「年齢的にそろそろ結婚をしたいのですが、いい出会いがないのです」

私がリーディングしたところ、見えたのはまだ幼い魂。

年齢的には大人ですし、社会人として自分で立派にお金を稼いでいますが、彼女の魂はまだ「大人の女性」にはなり切れていませんでした。「子供のままの部分」

をたくさん残していることがうかがえたのです。

聞けば、実家住まいで毎日の食事や、掃除、洗濯といった家事はほとんど親御さん任せということでした。なるほど、だから「大人の女性」というよりも、「小さな娘さん」を目の前にしているような気持ちになるのか……。

そこで、私はCさんにこうすすめることにしました。

「まず一人暮らしをして、自立してはどうでしょう」

「ドラマのような展開」をスンナリ起こした人

結婚の相談をしに行ったのに、なんで一人暮らしのすすめ?

最初、Cさんは「?マーク」で頭をいっぱいにしたことでしょう。

でもとても素直な方で、**すんなりと納得した上で私のアドバイスを受け入れてくれ、さっそく家探しをして一人暮らしを始めることにした**のです。

そこから先のドラマチックな展開は、私はもちろんのこと、聞く人みんなが驚くものでした。

なんと、**彼女は一人暮らしを始めた後まもなく、電撃的な結婚をした**のです！

お相手は、なんと同じマンションの別フロアに住んでいた人。二人の出会いは、マンションのエレベーターで偶然乗り合わせたことだったのだとか。

毎朝エレベーターで乗り合わせて挨拶を交わすうちに、自然と二人は意気投合。最初は、お互いに出社時間を合わせて駅までの道を途中まで一緒に歩いたり、マンションの共用部分でおしゃべりをしたりするだけだったのですが、だんだんと、

「しゃべり足りないから、うちでお茶を飲んでいきませんか？」

という流れで親しくなっていきました。そしてついに、

「二人で同じ部屋で暮らそう」

と、ごく自然に結婚することになったのです。

「今いるステージ」をクリアすると、新しい道が開ける

おそらく神さまは、私に相談に来るところまでを含めて、Cさんに、

「そろそろ自立しなさい」

というメッセージを送ったのではないかと思います。

私がCさんに一人暮らしをすすめたのも、「娘業」を卒業して「成熟した大人の女性」になるいいタイミングだと考えたから。

もちろん、自立のための手段は一人暮らしだけではありません。

でも彼女の場合、一人暮らしをしていくだけの十分な収入がありましたし、それが一番手っ取り早くて確実な方法であると思ったのです。

一人暮らしをすると、お金の管理から時間の使い方、家具の選び方といったことまで、さまざまなことを自分で考えて決めなければなりません。つまり、**自分の「チョイス」が明確になる**のです。

特に、心がワクワクして「ご機嫌」で満たされているときは、感性のアンテナが鋭くなっているときですから、こうしたときにヒットするものや人は、すべてが「正解」。Cさんが、**自分にぴったりの人に巡り会ったのも、彼女が初めての**

一人暮らしを心から楽しんでいたからなのでしょう。

また、一人暮らしをすると、家事も自分でこなすようになるので、自分の「生活リズム」が明確になります。こういったことが、ものすごく「魂の成長」を早めるのです。

前述のAさんも、母親と同居は続けていましたが、料理は自分の担当と決めて、積極的に親御さんを支えていました。

やはり、「子供」というステージを乗り越えて、「一人の人間」として成長したからこそ、人生の次のステップとして「運命の出会い」がやってきたのでしょう。

その人を縛っていた「心の重石《おもし》」が外れ、心がワクワクときめき始めると、可能性がパカーン！　と開き、停滞していた運命が動きだすということは、よくあります。

BさんやCさんの話も、まさにそのケースなのです。

願いをかなえるときは、自分の「こうなりたい！」がすべての基本

〈神さま貯金〉は、願いをかなえるための最短コースを走る方法でもあります。

そのためには、自分の「こうなりたい！」を、目標として堂々と宣言してしまいましょう。

自分の願いごとは、声に出して宣言してもいいし、手帳などに文字として書いてもいいです。

つまりこれは、**カーナビに目的地を入力するようなもの**です。

「歌手になりたい」だって、「幸せな結婚をしたい」だって、何でもいい。

目的地さえはっきり決めてしまえば、後は放っておいたって、神さまがあなたを目的地までナビゲートして連れて行ってくれるでしょう。

この「願いをカーナビに入力する」という作業は、神さまに対して「私はこういう人生を歩みたいのです」と宣言する、オーダーのようなものです。恥ずかしがらず、面倒くさがらず、ここはしっかりオーダーしましょう。

ただし、「自分が本当に望むこと」かどうかは注意が必要

ただし、当たり前ですが、願いをカーナビに入力しさえすれば、誰のどんな願いごとでもかなう、というわけではありません。

たとえば、歌手になりたい人なら、小さな頃から歌うことが好きで、好みのアーティストのＣＤは一通り聴いて勉強していたり、バンドを組んで歌う機会をつくっていたりするものです。

そういった背景がないのに、自発的に何もせず、ただ漠然《ばくぜん》と「歌手になりたいなあ」と思っているだけならば、それは本当は、その人の願いではないのかもしれません。**願望はあるけれど、それは自分の魂のテーマではなく、ただ現状が不**

満だから逃げたいだけ、ということだってあるのです。

また、「幸せな結婚をしたい」という願いをカーナビに設定した人であれば、それを本当に望むのであれば、「素敵な人と笑顔で過ごしている未来の自分」を想像しますよね。

そんなとき、穏やかでニコニコしている人と一緒にいたいと思うのであれば、自分も心を穏やかに過ごせる人になっているかどうか、つい自分を見つめ直したくなるでしょう。

反対に、ガッツのある熱い人と一緒になりたいと思う人であれば、自分も体力をつけようかなとか、熱中できる趣味を見つけたいな、など、これもやはり**自分にできることを探したくなるはず**です。

そうした思いが生まれないのであれば、やはり「結婚をしたい」というのは自分本来の願いではなく、ただ現状に不満があるから何か変えたいだけなのかもしれません。

もちろん、それも決して悪いことではありませんから、大丈夫！

私自身、本来の夢に向かって歩みだすまでには、親と衝突したこともありましたし、美容院で厳しい修業を積んだりもしてきました。

もちろん、そこで得た経験は今の自分に生かされているわけですが、私たちの人生には、そんな「試されごと」が必ずあります。

それらと誠実に向き合うことで、〈神さま貯金〉は確実に貯まっていきます。

どんなに小さなことでも、目の前にある仕事や課題をコツコツと達成することで、あなたの人生は、あなたが追いかける本来のテーマにつながっていくのです。


一見、本来のテーマと違った道を歩んでいるようでも、〈神さま貯金〉をコツコツ貯えている人には、神さまからの惜しみない助けが必ずやってきます。

だから、もしあなたが今、本来の夢を見つけられなかったり、それを見失いそうになっていたりしたとしても、焦ったり不安になったりする必要などまったくありません。このことは、何度でもお伝えしたいと思います。

とにかく「今」を全肯定！
——これで「導く力」が強くなる

〈神さま貯金〉を上手に貯める上で、覚えておきたい大事なコツがあります。

それは、**「不安」や「心配」をしない**、ということです。

だって、不安になったり心配をしたりするということは、あなたを見守って導いてくださっている神さまを疑うのと同じことですよね。

とっても失礼なことだと思います。

それに、「不安」が魂のカーナビに入力されてしまうと、どうしても目的地がブレます。ネガティブな感情はネガティブなものを引き寄せますから、あなたの願いをかなえるために神さまが用意してくれたルートに、障害物が入ってきてしまうのです。

根拠なんてなくてもいい、もっと自分を信じてあげてください。「私だから大丈夫！」と。

自分の願いがまだかなっていないのに、「自分はもっと幸せになれるんだ」と信じることは難しいですか？

でも、「いつか必ず、〈神さま貯金〉で自分は幸せになれるんだ」「自分の願いはかなうんだ」と信じてほしいのです。

カーナビは、何度でも入力し直すことができます。**一度「不安」が入力されたなら、そのたびに「幸せになる」「願いをかなえる」という目的地を、カーナビに入力し直せばいい。**不安にさえならなければ、必ずあなたは、自動的に「幸せになるルート」「願いをかなえるルート」に乗ることができます。

この**「信じる力」は、願いをかなえるためにもっとも必要な能力**なのです。

あなただから、「かなえられる願い」がある

以前、相談に来たDさんは、資格を取ったばかりの新人介護士でした。

資格さえあれば仕事はすぐに見つかるだろうと思っていたDさんでしたが、いくつ面接を受けても、どれも不採用。すっかり意気消沈してしまったようです。

「なかなか就職が決まらない。どうしたらいいでしょうか」

と不安になって、私のサロンに来てくれたのでした。

さっそく私がリーディングしてみたところ、Dさんは本来、「人に寄り添うこと」がとても上手。非常に素敵な個性を持った方だということがわかりました。介護士という職業も、彼の魂のテーマにぴったりのはず。

それなのになぜ、なかなか就職が決まらないのか……？

少し考えた後、私はこうアドバイスしました。

「あなたはもともと、人に寄り添ってその人の痛みを理解し、相手にとって最善の方法を提案することがすごく得意なのですね。**その素晴らしい自分の強みを意識して、介護士として働く自分を、普段からイメージしてみて**」

「介護士になって働いている自分についてなら、いつもイメージしていますよ！」

と、不服そうなDさん。

そうではなく、「人に寄り添っている自分」を思い描くのが大切なのです、と私は説明しました。それが、Dさんの魂のテーマで、**「自分が心から楽しめること」**だからです。

リーディングの結果、Dさんは「資格」という手段に気を取られすぎていて、彼の本来の強み、すなわち「人に寄り添うこと」を人に伝えることがおろそかになっていることがわかりました。つまり、面接のときに、

「自分はこれだけの資格を持っています」

と訴《うった》えることにばかり気を取られていて、彼の本来の強みをまったくアピールできていなかったのです。

すると、面接官だって、「同じ資格を持っているだけなら、新人で経験の浅いDさんよりも、経験豊富な人を採用したいなあ」と思ってしまいますよね。

「資格や肩書は、本来『人に寄り添うため』の手段にすぎなかったはずです。**もともと、あなたが本当にしたかったことを思い出してみて**」

こう伝えると、Dさんはハッと目が覚めたようです。数週間後、笑顔でサロンにやってきたDさんの手には、希望する病院の採用通知書が握られていました。

一度突き抜けると、「その人本来のオーラ」が輝く！

前回サロンに来て以来、Dさんは、私からのアドバイスを毎日反芻《はんすう》するように思い出していたそうです。そうして、自分の本来したかったことや、自分の強みについて見つめ直しました。

そうするうちに、「自分が本来したかったこと」が腑に落ちたようです。

こうなると俄然《がぜん》、面接での発言が変わってきます。

「自分は、これだけの優しさやぬくもりを持ち合わせた人間です。それを生かして、介護士としてこういうことをしたい」

このように、**自分の言葉で、自分自身を提案できるようになった**のでしょう。

自分の強みとやりたいことを、腑に落として理解できるようになると、言葉だけでなくその人の放つオーラが変わります。

私はこれを「ヴァイブレーションが変わる」と表現しているのですが、その人の全身から、ゆるぎない説得力や情熱、安心感が醸《かも》し出されるのです。

人と人が接するとき、言葉やしぐさ以上に場の雰囲気を支配するものってありますよね。私がいう「ヴァイブレーション」は、そうしたものの一つだととらえてください。


いわば、**「その人ならではの個性」が輝きだす**のです。どんな場面でも、「これが自分です」と、自然体で自分をアピールできるようになるのです。

そうなったときの人は、キラキラ輝いていてとても魅力的です。

自分の強みに気づいたDさんの就職活動が、急にとんとん拍子にうまくいくようになったのも、**彼の突き抜けた魅力が、面接官に通じた**からなのでしょう。

つい不安になったときは「今は」と考える

自分のままで「突き抜ける」ためには、やはり自分自身をよく知ることが大切。そして、自分を信じることが大切です。

そのためにも、不安や心配をできるだけ意識に入れず、〈神さま貯金〉の効果を楽しみにしながら受け止める準備をしましょう。

どうしても不安や心配に襲われたときは、こう考えてください。

「不安です、今は」

「心配だなあ、今は」

こうすると、不安や心配が「一時的なもの」だということがはっきりします。すると、不安や心配が「現時点」でカットされ、未来に引きずらなくなるのです。

大丈夫、神さまだって、もとは私たちと同じ人間だった存在です。多少不器用だったとしても、一生懸命な人、頑張り屋さんな人が大好きなのです。**たくさん失敗する人ほど、気になって思わず助けたくなってしまう**のです。

ですから、何が起こっても焦らないこと。**人生、余裕の構えでいきましょう。**

自分の願いは「かなった」ことにする
——「すごいこと」は意外とあっさり実現する

本書に書いてあることをコツコツ実践していくと、〈神さま貯金〉がどんどん貯まっていくので、神さまに願いが届きやすくなります。

ただ、このとき自分からオーダー（注文）をすることで、その願いがよりかないやすくなるのは確かです。

なぜかというと、**はっきりと「自己申告」することで、神さまがあなたの願いをより正確につかめるから。かなうスピードが速くなり、かなう願いの精度が高まる**、というイメージでしょうか。

ここでは、具体的に神さまにオーダーする方法をご紹介します。

願いは「完了形」にして、神さまにどんどん注文！

まず、大切なポイントは、**願いは「完了形」にする**、ということです。どういうことか、お金を例にしてご説明します。

あなたがもし、毎月、30万円が欲しいとしましょう。であればそれを、このように神さまに「自己申告」してください。

「神さま、私に毎月30万円の収入を与えてくださって、ありがとうございます」

もうすでに「かなった体《てい》」で、お礼を述べるのがポイントです。

これは頭の中で唱えてもいいですし、声に出して感謝してもいい。日記や手帳など「紙に書き出す」のも効果的でしょう。

人それぞれ、神さまにつながりやすいオーダー方法が必ずありますので、それは個々人で実行しながら、自分に合った方法を探してみてください。

考え方としては101ページの「カーナビに目的地を入力する」のと同じことです。

人間って、「もっと幸せになりたい」と願いながら、「具体的に、自分はどんな幸せを望んでいるのか」が自分でもわかっていないことが多いのです。

もしくは、たとえ「望む幸せ」がわかっていたとしても、「そこに到達するためには今、何が必要なのか」がわかっていないことも多い。

だから、**「願い」を自分の中でクリアにすることが大切**なのです。

そうすれば、本人の意識も行動も、自動的に変わります。つられて、今まで眠っていた潜在意識も切り変わります。

すると、周囲の現実も、願いの実現のために流れだすのです。

それはまるで、**その人の運命が動きだし、どんどん加速していくようなイメージ**です。

そうすれば、いきなり空から30万円降ってくることはないにせよ、羽振りのよいお客さまと巡り会ったり、サイドビジネスの方法を思いついたりと、神さまがその人にふさわしい「お金を稼ぐ方法」を提示してくれるでしょう。

「ある」に気づくだけで、人生がときめく

一つだけ、気をつけておきたいことがあります。

神さまにオーダーするときは、必ず「感謝」をスタート地点にしてください。

今、自分が置かれている状況を把握し、その「ありがたさ」に気づいてほしいのです。現状を、鬼のように肯定するのです。

先の例でいえば、たとえ今、あなたの月収が30万円に到達していなかったとしても、必ず「今あるもの」がありますよね。**普段、「当たり前のこと」として意識にのぼっていなかったとしても、それは絶対にとても豊かなものです。**

おいしいものを食べられている！
毎日、選べる洋服がある！
暖かい憩《いこ》いの家がある！

豊かな眠りにつける布団がある！……

こうした「幸せ」が、あなたの目の前に満ちあふれているはず。まずは、そこに注目して、感謝してほしいのです。そこに気づくだけで、あなたのご機嫌はマックスによくなるはず。

そこからです！　あなたの魂と神さまの「送受信」が始まるのは。

ただちにあなたの願いが神さまに届けられ、あなたの運命が、願いを叶える方向に勢いよく動き始めることでしょう。

反対に、感謝ではなく不満を抱えている人は、どうなるのでしょうか？

「今、月収が○万円しかない」「あと○万円足りない」……

こんなふうに、「今、足りないもの」にばかり注目するクセのある人は、魂がくもってしまって、神さまとうまくつながることができません。当然、これでは〈神さま貯金〉も貯まりませんし、願いもなかなかかなえられないのです。

だからぜひ、「今あるものに感謝する」ことを習慣にしてみてください。

他人事じゃない！「無意識」に幸せから遠ざかっている人

「人間って、『もっと幸せになりたい』と願いながら、『具体的に、自分はどんな幸せを望んでいるのか』が自分でもわかっていないことが多いのです」

と、前項で述べました。これは、非常によくあるケースです。

また、**本人が「自分の目的地」を明確にしていなかったり、明確にしているつもりでも、途中で見失っていたりすることもよくあります。**

「自分が何をしたいか」なんて、自分が一番よく知っていて当たり前……と思うかもしれませんが、人間はいざ、自分のエゴに目がくらむと、その「当たり前」のことが、とたんに見えなくなってしまうのですよ。

私のサロンの相談者で、Eさんという女性がいます。

彼女の実家は地元でも有数の資産家。家を継ぐために、婿《むこ》養子を迎えるという形で結婚をなさいました。親が決めた結婚ではありましたが、Eさんは旦那さんにベタぼれ。一見、とても幸せそうな結婚生活です。

しかし、あるとき急に、旦那さんが家に帰ってこなくなりました。そのことに悩んで相談にいらっしゃったというわけです。


リーディングをしてみると、旦那さんの魂がとても弱っていることがわかりました。どうもEさんが、愛情のあまり、旦那さんを強く束縛しすぎているようなのです。彼女の実家の発言力が強いという背景も、彼女を惑《まど》わせてしまったのでしょう。

せっかくの彼女の愛情が、旦那さんを「ケアする」方向ではなく、「コントロールしたい」というネガティブな欲望に向かってしまっているのです。

心優しく控えめな性格の旦那さんは、その強すぎる欲望に疲れ切ってしまい、家に帰れなくなってしまったことがわかります。

神さまは、**夫婦はもちろんのこと、人間同士は対等であってほしいと願っています**ので、いくら彼女なりの方法で旦那さんを愛しても、このようないびつな形では、神さまからの応援をもらえなくなってしまうのです。

なぜ「本当の気持ち」をわかってもらえない？

とにもかくにも彼女の願いは「旦那さんに家に帰ってきてもらうこと」。だから私はまず、「旦那さんが帰りたくなる家づくり」をアドバイスしました。

そのときのEさんの心の中の状態を反映するかのように、家の中が片づかず荒れていたので、まずはその環境を整えましょう、と提案したのです。

一度は夫婦になって、しっかり心が通じ合った二人です。きれいな家でEさんが心穏やかに過ごしてさえいれば、そのオーラを感じ取った旦那さんは、必ず家に帰ってくるはず、と伝えたのです。

「そのとき、彼を責めることはしないでくださいね。できれば、温かいご飯で迎えてあげて」ということも忘れずに。

私の狙い通り、Eさんが家を整え、穏やかに過ごすことで、旦那さんは徐々に家に帰ってくるようになりました。しかし、愛しい旦那さんを目の前にすると、Eさんはつい、自分のエゴをおさえられなくなってしまうのです。

「今さら帰ってきて、何のつもりだ！」

「よそに女がいるなら、そっちに行ってもらって結構！」と。

もちろん彼女の本心は、その言葉とは正反対。

「今まで寂しかったよ」

「この家で私と一緒に暮らしてほしいよ」ということなのに……。

この〝最終手段〟を知っている人は、強い

この例は、やや極端かもしれません。でも、皆さんも「ときに言葉はうそつき

になる」ことを、日々実感しておられるのではないかと思います。

エゴに目がくらんだ人間は、急に「本当の気持ち」を言葉に乗せることが難しくなります。その結果、「自分が望む幸せ」につながる架《か》け橋を、自分自身の手で打ち壊してしまいそうになることがあるのです。

だからこそ、自分から「夢をカーナビに入力」し、神さまに願いを「自己申告」することが、幸せになるためにはとても効果的。

そうやって、**自分の「目的地」をことあるごとに確認する**わけです。

これを実践している人は、神さまをどんどん味方につけて、前進していきます。

また、〈神さま貯金〉を貯めていると、何かあったとしても、

「大丈夫、自分には神さまがついているから」

という、根拠はないけれど、どっしりとした自信が生まれます。

こうした、自分なりの「自信づけ」になることを、何か一つでもいいので持っておくと、いざというとき、あなたの心強い味方になってくれるでしょう。

周囲からどんどん「いい刺激」をもらうコツ

願いをかなえるために、自分の「目的地をカーナビに入力する方法」についてご紹介してきました。この方法で、神さまからの応援をどんどんもらえるようになります。

加えて、**自分で自分に「いい刺激」を与えることにもつながる**んですよ。

もし、今の自分がまだ未熟で「理想の自分」に比べると未完成だと感じるのであれば、ぜひ試してみてほしいことがあります。

まずは強く、頭の中で「理想の自分」「完成形の自分」をイメージしてみること。

「目的地をカーナビに入力する」のと同じことですが、神さまに対してお願いするだけでなく、自分の中でも強くイメージするのです。

すると、「完成形の自分」と「今の自分」との間の〝すき間〟が見えてきます。「今の自分」に何が足りないのかが、客観的につかめてくるでしょう。その「足りないもの」を埋めるために奮闘することが、自分の成長につながります。

これが、**毎日をとても楽しくてワクワクするものに変えてくれる**のです。

自分に「使える武器」は何でも使おう

私自身のお話を例として致しましょう。

私がまだスピリチュアル・カウンセラーではなく、美容師として身を立てることを目指していたときのことです。

私は毎週、自分の休日を使って、繁盛している近隣の美容院めぐりをすることにしていました。

何が目的かというと、「未来の私（完成系の私）に必要な、魅力的なスパイス」

をたくさんもらうため！

繁盛しているお店には必ず、魅力的な要素がたくさんあります。

たとえば、スタッフの優れた接客テクニック、スタイリストのおしゃれなユニフォーム、施術するときの洗練されたフォームや動き……。

どれも、私のお店にはまだないものです。目に入るものすべてが、当時の私には刺激的でした。それを〝いただく〟ために、休日を使って、せっせとライバル店をめぐっていたのです。

刺激をもらうと、私はすぐさまそれを参考にして、新しく〝自分〟を演出することにしています。つまり、**繁盛店の接客テクニックや服装など、自分に取り入れられるものは何でもすぐに取り入れてみることにしていた**のです。

特に気をつけていたのは、二つ。

一つ目は、ファッションや見た目など、**外側の〝スタイル〟を変える**こと。

当時の私の目標は、お客さまから「デキる美容師さん」「安心してお任せできる美容師さん」と思ってもらうことでした。

だから、自分の願いの「目的地」に、そのイメージを入力したのです。

「未来の自分（完成系の自分）」をはっきりさせると、今の自分に何が足りないかもはっきりしますよね。

その結果、私は「デキる人のイメージ」として、カッチリとしたスーツとヒールの高いパンプスをトレードマークにしていた時期があります。今の私はいつもリラックスした格好をしているので、当時を知らない人にこの話をすると、とても驚かれるのですが……(笑)。

でも「形から入る」と、中身もつられて成長します。**成長スピードが何倍にも加速する**、というイメージでしょうか。

この「スタイルを変える」という方法には、私はずいぶん助けられてきました。


二つ目は、**言葉**です。

「私におまかせください」「必ず、あなたのオーダー以上のスタイルにします」

美容師をしていた頃の私は、こんなふうに、お客さまの注文には必ず「できます」と言っていました。

一度「できる」と言いきってしまえば、後から「やっぱり無理でした」とは言えません。いやでも施術を工夫したり、流行のヘアスタイルを勉強したりして、自分を追い立てることになります。

そうやって自分を楽しく追い立てて、「完成系」に近づけようと、毎日奮闘していたのです。こうした日常は、とても刺激的で楽しいものです。

「昨日よりも今日、今日よりも明日の自分は前進している！」

これを実感できると、充実感が半端ないのです。

これを、私は**「自己更新する」**と表現しています。

そのためには、〝上げ底〟でも〝大風呂敷〟でも何でもいい。「使えるもの」はどんどん使って、自分を新しく〝更新〟していきましょう。

こんなとき、神さまは喜んで、積極的にあなたを応援してくれますし、ステップアップのチャンスもどんどん舞い込むように手配してくれるのです。

運のいい人ほど、素直に「自分はこれが好き！」と口にする

自分をご機嫌にするためには、自分が「心から楽しめること」をするのが一番。

そうすると、〈神さま貯金〉がたくさん貯まって、最上級のハッピーがドドドーッと流れ込んできます。

これまで多くの人から相談を受けてきた経験から、こう断言できます。

〈神さま貯金〉を貯めるのが上手な人ほど、**普段から自分の「ワクワク」や「ときめき」、そして「好き」を大事にしています。**

自分の好きなものに対しては心から笑い、ワクワクし、「好き」を共有できる仲間たちと思いっきり楽しみます。

神さまは「その人らしさ」が輝く瞬間が大好き。

だから、こんな人には〈神さま貯金〉がどんどん貯まりますし、ボーナスポイントもたくさん振り込まれます。

やはり、自分の「好き」をつかんでおくことは、〈神さま貯金〉を上手に貯めるための、第一歩と言えるでしょう。

ただ、最近は、これがなかなか難しいことになりつつあるようです。

「好きなファッションはどんなの？」「食べたいものは何？」

こんなふうに聞かれたとき、

「え～……」「よくわかりません……」

と口ごもってしまう人が増えました。

頑張っているのに、思うように〈神さま貯金〉が貯まらない人は、自分の「好き」がよくわからなくなっていることが多いようです。

周囲に合わせることを優先した結果、自分を見失ってしまう……。

もちろん、周囲を気にするのは、その人の心の優しさの表れです。でも、そのあまり、自分の「本音」が迷子になってしまっているとしたら、少し自分がかわいそうですよね。

だから、**自分の「これが好き！」は、意識して見つけましょう。**そして、どんどん発信していきましょう。

自分だけの「何か、いいかも」を大切にする

何もせずに部屋にこもっていても、自分の「好き」は見つかりません。

これだけは、どうしても最初にトライ&エラーが必要です。

たとえば好みのファッションを見つけたかったら、最初は、気になるものを買ってきたり、お店で片っ端《ぱし》から試着したりすればいいのです。

美容院で目の前に置かれるファッション雑誌をそのまま取り入れるのもいいのですが、そこは、あなたに雑誌を選ぶ美容師さんの「フィルター」がかかっていますよね。**やっぱり、ここは「自分のアンテナ」を信じましょう。**

もちろん、最初は大失敗をするかもしれません。でも、自分なりのセレクトを繰り返すうちに、「自分はこれが好き！」が見つかるはず。

ファッションだけでなく、食べ物の好みや趣味など、すべて同じことです。

もちろん、最初はお金がかかります。でも、これこそが「生きたお金の使い方」だと私は思うのです。

こんな「自分への投資」を惜しんではいけない

お金は、ただ貯めていても、意味がありません。そもそもお金とは、あなたが世の中に対して役立つことをしたから、その対価として得られるもの。あなたの努力が、世の中や神さまに認められた〝証拠〟なのです。

その証拠を、**自分に対してきちんと〝投資すること〟は、幸せになるために必要なこと。**そして、〈神さま貯金〉を上手に貯めるコツでもあります。

「自分を『ご機嫌』にするためにお金を使う」

「ワクワクする経験をするためにお金を使う」

こんなお金の使い方は、一番効率的な「幸せな未来をつかむための投資」、「願いをかなえるための投資」なのです。

前述のBさんのように、サルサが好きなら、実際にそれを習ったり、「私、サルサが好きなの！」と普段から周囲に宣言したりする。

文章を書くのが好きなら、今はブログやSNS、専用のアプリなどさまざまな手段がありますから、そこに自分の思いを書いてみる。

手を動かして何かをつくることが好きなら、ハンドメイド作品をつくって、身近な人に見せてみる。そのうち、それをフリーマーケットで売るようになり、あなたのファンがたくさんつくかもしれません。

こうした、**「自分の『好き』に一歩踏み出すこと」は、〈神さま貯金〉を貯める、小さいけれど大きな大きな第一歩**です。

誰でもできる、劇的に「毎日を楽しくする」極意

自分をご機嫌にするためには、自分が心から楽しめることをするのが一番。

私がおすすめするのは、**日常の中に「ゲーム感覚でワクワクすること」をちりばめること。**

たとえば、私の場合、東京に来てからピラティスを習い始めました。近所にあるジムのクラスで、何人かの方と一緒に、コーチからレッスンを受けています。

初心者の私が苦戦しているポーズを、周りの人が簡単そうに取っているのを見ると、情けなくなります。自分の体のおとろえを認め、「素早く頭の指令に従える体になろう!」とやる気に火がつくので、とてもいい刺激になっています。

あきてもいいから、「やってみよう」

私は新しいことにチャレンジするのに、ものすごくワクワクするタイプなのです。

逆に、ルーチンワーク（同じこと）を繰り返すのは苦手。どこかに出かけても、同じ道の往復はつまらないので、行きと帰りでわざわざ違う道を通るほどです。

だから、ピラティスに限らず、**よく新しいことを始めます。**

一昨年からは「三線《さんしん》」を習い始めました。沖縄に行ったとき、その美しい音色《ねいろ》に感動して、さっそく購入。今でも自分で弾いて楽しんでいます。

こうした楽しみは、実は、途中であきてやめてしまうこともよくあります。

でも、そのときの自分が「楽しい！」「ワクワクする！」と思って楽しめれば、それでOK。そうすることで、神さまとのつながりが強くなるのですから、私にとってはとてもいい〝投資〟なのです。

こんな「何ものにも縛られない楽しさ」を満喫する

やりかけの趣味がたくさんたまっていくことに関して、ちっとも悪いなんて思いません。

「どうせ始めるならプロ並みにうまくならなくては」とか、「お金をかけるなら、それだけの元を取りたい」なんて考えるのは、ナンセンス。それこそ〝計算〟、〝損得勘定〟です。それより、

「やってみると、なんだか自分がワクワクする！」

「理由はわからないけど、ここに行ってみたい！」

という、あなただけのひらめきを信じてみませんか。

そんなひらめきを信じて行動するとき、きっと神さまがニコニコしながら、あなたにボーナスポイントを振り込んでくれることでしょう。

3章

〈神さま貯金〉の法則②

人の役に立つことをする

「自分のテーマにぴったりの仕事」は楽しくって仕方がない

今までのべ10万人の方をリーディングしてきた私ですが、特に印象的だったビジョンがあります。

それは、ある実業家のFさんのビジョンです。初めて私のところに相談に来たとき、彼はまだ20代前半の青年でした。第一印象は、どこか冷めた印象の若者だなあ、というくらいのものでしたが、彼のビジョンを見て驚きました。**見事な大木が、スックとそびえ立っているのがはっきりと見えた**のです。

おそらく彼は「公人《こうじん》」、つまり世の中を変えていく器の持ち主なのでしょう。

Fさんは現在、沖縄で数十店舗のカフェを経営しているオーナーです。私のところに初めて来たときは、3軒目のお店を出店させようというところでした。

一見、何の不満もない人生を送っていそうな彼ですが、人間関係に悩んでいました。当時、飲食店経営者として頭角を現し始めていた彼は、誘われて地元の経営者の集《つど》いに参加するようになっていたのですが、そこで、強烈な違和感を覚えたそうなのです。

何せ、その集いの参加者の中で、一からの叩《たた》き上げ経営者はFさんただ一人。他のメンバーは、親や祖父母の会社やお店を受け継いだ、二代目、三代目ばかりだというのです。自分が築き上げたものの上に立っている人と、すでに出来上がった事業を親から受け継いだだけの人。当然、仕事に対する覚悟が違います。**ましてや、Fさんは「公人」の器に生まれついた人。他のメンバーのように、お金儲けのためだけには働けません。**

もちろん、利益を追求するのは民間企業の使命ですから、彼の周囲の経営者たちが悪いわけではないのです。

しかしFさんはそれ以上に「世の中のために何かをしたい」という思いが強く、だんだん周囲と自分とのギャップに耐えられなくなってきたのです。

「少し、心のシャッターを閉めましょう」

それが、私のアドバイスでした。

地元のしがらみもあって、ストレスの原因であるお付き合いをすっぱりやめるのは難しい。

だったら、少しずつ会合に行く回数を減らすなどして、心のシャッターを半分下ろし、相手の発言や空気をすべては受け入れないようにすればいい。

そうやって自分で入ってくる情報を制限すれば、周囲に飲み込まれて自分を見失うことはなくなります、と彼に伝えたのです。

「みんなのために」が自然にできる人

Fさんが、お金儲け以上に情熱を注いでいたこと。

それは、**地元・沖縄の農家や文化、そして自然を守りたい、という強い思いで**した。

彼の生まれ育った土地は、本島のそばにある離島で、とても自然が美しい場所。水もとてもきれいです。だから、そこで栽培される農作物は非常においしい。また、温暖な気候を生かして、バラエティ豊かな農作物が育てられています。

彼は地元の農家と直接契約を交わし、安心で安全な農作物を、直接、自分のカフェに仕入れています。

農薬が使用されておらず、形やサイズもバラバラな、元気な農作物。

そうした不ぞろいな農作物は買い取り手がいないので、もともと農家では自宅で消費していました。そこに彼は注目したのです。

不ぞろいだけれど安心な農作物を適正な価格で仕入れ、おいしいスイーツやドリンクにして、カフェのお客さんに届ける。

また、農家の後継者がおらず眠っていた土地を、移住者に紹介し、農業の復活を応援する。そうした町おこし、村おこしのような仕事にも着手しています。

そうやって、地元の生産者を応援するFさんのあたたかい視線と熱意は、他の経営者仲間とは、明らかに一線を画すものでした。

彼の「人のためになることをする」姿勢は、経営するカフェの従業員に対する手厚い待遇にも表れています。

福利厚生を充実させ、社会保険も完備し、有給休暇は取りやすく、ボーナスも出るし、残業代もきっちり支払っています。非常に働きやすい、雰囲気のいい職場なので、スタッフはみんなイキイキしています。それが、カフェのサービスのよさや料理のクオリティの高さにつながっているのでしょう。

その後、Fさんのカフェの業績は右肩上がりで上がっていき、今では沖縄県内に数十店舗を展開するまでになったというわけです。

おそらく、彼にとっては飲食店経営は、魂のテーマを追いかけるステップの一つ。**今後、もっと大きな仕事をするのではないか**と私はにらんでいます。

まさに、大木のビジョンにふさわしい生き方をしているFさん。

「人のため」に惜しみなく〝ギフト〟をする彼には、〈神さま貯金〉もどんどん貯まっていることがわかります。

「それぞれが、それぞれでいい」
——そこに気づくと、心がラクになる

前項の話は、大変スケールの大きな「人の役に立つこと」でした。これはもう、「世の中の役に立つこと」と言ってもいいでしょう。

ただし、Ｆさんのような人を見て、「自分にはそこまでできるだろうか」と肩を落としたりはしないでくださいね。

確かに彼の行ないは素晴らしいことですが、それを神さまが喜ぶのは、Ｆさんにとって「したくてたまらないこと」だから。

〈神さま貯金〉でいう「人の役に立つことをする」とは、自分に無理をしてまでするものではないのです。

その息苦しさはどこからくるのだろう？

Fさんは、地元の農家で取れる、不ぞろいだけれどおいしく安全な農作物を、適正な価格で買い取り、自分のカフェでお客さまに提供しました。

私は、この**「不ぞろいな野菜」というところが、とても〈神さま貯金〉らしい**と思うのです。

野菜は本来、生育状況も、生まれ持った個性も全部違うので、同じキュウリであっても、形も大きさもバラバラであるほうが自然です。

私たち人間もそう。みんな、いわば「不ぞろいな野菜」です。

生まれ持った肉体も背景も魂のテーマも……、全員が全員、異なるのです。

それぞれがまったく別の個性を持っています。

どの個性も、別の人では代替不可能な、素晴らしい個性ばかり。

それを、スーパーで売られる野菜のように「キュウリはこのサイズでまっすぐでなければならない」とばかりに、形や大きさを無理矢理同じにそろえようとするから、不安になるのです。無理が生じて、苦しくなるのです。

私たちは大人になる過程で、親や学校、勤め先といったところから、さまざまな「常識」や「計算」、「打算」を教え込まれます。社会で生きていけるようにするためです。

そうやって、**みんな「本当の自分らしさ」をおさえて生きるようになる。**

これが48ページで述べた「頭」の作用。〈神さま貯金〉を貯めるとき、もっとも妨《さまた》げとなりやすいものです。

しかし、中には「なぜ、キュウリはまっすぐでなければならないのでしょう」と疑問を持つ人が出てきます。

「曲がるのはどうして？　日光を探して曲がるのでは？」

「つまり、自然に近い状態で栽培された、安全な野菜ということでは？」

と、形のそろった野菜にはない価値が、「曲がったキュウリ」にあることを見抜く人が現れます。

その人こそが、〈神さま貯金〉をもっとも上手に貯められる人なのです。

とらわれない、縛られない、こだわらない

「自分」についてよくわかっていない人ほど、答えのない悩みの袋小路に迷い込んでしまいがち。

こうした方は、おそらく自分のことを「自分は○歳で、性別は○で……」といった具合に、「本質」ではなく「パッケージ」からとらえています。

「自分」についてわからないから、「自分は本当はどうしたいか」もわからないのです。

だから、「自分と同じ属性である、世間一般の○歳の女（男）は、どういった暮らしをしているんだろう」と、つい他人のことが気になるのです。

そうして、他人と自分をさまざまな点から比較してしまいます。

その結果、他人にあるものが自分にはないと思えばそれがほしくなりますし、他人にないものが自分にあると思えば誇らしくなります。

当たり前ですが、そうした比較にはキリがありません。

そのようなことで一喜一憂している限り、なかなか〈神さま貯金〉は貯まらないし、神さまに守られているという安心感も得られないのです。

〈神さま貯金〉を上手に貯められる人の条件

〈神さま貯金〉を上手に貯められる人は、そうではないのです。

そんな人は、**自分をご機嫌にするのが上手ですから、自分が「本当は何がしたいか」についてもよくわかっています。**

そのために自分に足りないものがあると思えば、それを手に入れるために正しく努力をしますし、自分には必要ないと思えば、いくら他人にあってもそれをほしがることはありません。

だから、小さなことや他人の言葉で簡単に一喜一憂しないでいられるし、いつだって、どっしりとした安心感と一緒に生きていくことができるのです。

〈神さま貯金〉でいう「人のためになることをする」も、行ないは人それぞれでいいのです。というより、**人それぞれであるほうがいい。**

なぜなら、Fさんがやっていることがデさんにしかできないことであるのと同様に、あなたにできることは、あなたにしかできません。他の人にはできないことなのです。

行ないの規模や人からの評価は、その価値にはまったく関係がありません。

だから、**あなたは胸を張って、自分なりにできること、したいことを人にしてあげればいい**のです。

〈神さま貯金〉でお金・豊かさと縁結び！

〈神さま貯金〉は、「金」の字が入っているくらいですから、この世の経済的な豊かさにも大いに関係があります。

つまり**〈神さま貯金〉がいい感じに貯えられているとき、お金もその人のもとに流れ込んでくる**のです。

「本当に？　そんな都合のいいことがあるの？」

と思われるかもしれませんが、この世の仕組みから見れば、ごく当然のこと。

お金がないと、私たちはこの世で生きていくことができませんよね。この世でみんなが「自分のテーマ」を追いかけるためには、食べていくために必要なだけのお金を自分で稼がなければなりません。

つまり、その人が正しく「自分のテーマ」を追いかけているとき、神さまはそれに必要なだけのお金を与えてくれるのです。

欲張らないのに、不思議と豊かな人

私の地元の同級生Gさんは、今でもときどき会って食事をする、仲のいい友人です。

ある程度年を重ねると、保守的になって昔の話ばかりするようになる人も多いものですが、Gさんはいつもハッピーで「今」を生きています。

私が本を出版するときには、一緒に「やったー！」と喜んでくれる、気持ちのいい人。だから、住む場所が離れていてもずっと気が合うのでしょう。

Gさんは、関西の主要都市に拠点を置く、ある大手企業に勤めています。

彼の仕事の内容は、海外に行って電気を通す、公共事業に近いものです。日本を飛び出して、東南アジアからヨーロッパまで、世界中を飛び回って活躍しています。

最近、定年を迎えた彼ですが、不思議なことに、雇用は継続されており、お給料もこれまでのままなのだとか。普通、定年を迎えると、再雇用といっても、お給料はいくらかダウンするのが普通なのですが……。

それだけ彼は会社から評価されているし、必要とされているということなのでしょう。

"太っ腹"になってみると、その恩恵のすごさがわかります

Gさんの驚くべきところは、「人のため」に何かすることにまったくためらいがないところです。

なんと、彼は**「二重の住宅ローン」**を背負っていたのです。

なぜかというと、昔、彼のお兄さんが事業に失敗して、実家を売らざるを得なくなりました。それを非常に残念がって悲しんでいる両親のために、彼は実家を

買い戻したのです。自分の家のローンもあるというのに……。

それが、自分の家と実家の「二重の住宅ローン」というわけです。

また、このお兄さんは現在、Gさんや両親、自分の子供と離れて、一人で暮らしているそうです。

そこで現在、実家には、彼のご両親と、お兄さんの子供が暮らしています。Gさんから見れば、甥《おい》というわけです。

Gさんはこの甥を、自分の子供とまったく変わらない愛情で可愛がっています。たとえば、小学校卒業や中学校入学のタイミングには、お祝いをしたり、ご祝儀をあげたり、家族旅行に一緒に連れて行ったり。

そして、買い戻した実家については、さらりとこう言いました。

「今住んでいる両親はいずれ、もっと年をとって介護施設に入るようになるかもしれない。そうなったら、この子(甥)が自由に使って暮らしてくれたらいい」

ものすごい太っ腹だと思いませんか。

一見、損。でも「実はすごくトクする」生き方

最近、二重の住宅ローンは見事、払い終わったそうです。

「人の役に立つこと」を自然体で実行し続けるGさんだからこそ、会社で評価され、仕事も順調でお給料が変わらず、人間関係も良好なのでしょう。

Gさんの仕事は、実際とてもハードなものです。

慣れない海外に赴任した結果、心身の調子を崩してギブアップする若手社員もたくさんいるそうなのですが、彼はどこの国に行っても、変わらず元気。

「仕事を『させられている』感覚を持ったことがない」

「自分は仕事を楽しめるから、苦しいと思うことがないのだ」

と言って、いつも楽しそうに笑っています。

この幸福な健康さも、彼が貯めている〈神さま貯金〉のおかげなのだと私は思うのです。

「ありがとう」と言えば言うほど運がよくなるわけ

〈神さま貯金〉を上手に貯めるとき、普段、自分が口にしている「言葉」に注目するのもとてもいい方法です。「言葉」には、強いエネルギーがありますからね。

まず、「ありがとう」は、魂の栄養になる言葉の基本中の基本！

間違いなく、使うたびに〈神さま貯金〉が貯まっていきますから、このラッキーワードを使わない手はありません。

幸いなことに、**私たちは普通の日常を送っているだけでも、一日に何度でも「ありがとう」を言う機会がめぐってきます。**

ためらわず何度も「ありがとう」と口にしましょう。

たとえば、お金を払うとき。

こちらがお客だと思うと、つい、「相手も仕事なのだから、やってもらって当たり前」になりがちですが、店員さんはわざわざ袋詰めをしてくれたり、足りないものがないかチェックしてくれたり、あなたに心を配ってくれているものです。

そんな、人からの小さな心配りに目を向けず、感謝をするのを忘れていると、せっかくのきれいな心が鈍感になってしまって、神さまからのメッセージも受け取りにくくなってしまいますよ。

ぜひ、「当たり前のこと」にこそ「ありがとう」と言うようにしてみてください。

神さまだって「感謝の気持ち」には感激する！

また「ありがとう」は人に言うのはもちろんですが、神さまに言うのも効果的。

私たちが人から「ありがとう」と言われるとうれしいように、**神さまだって、私たちから「ありがとう」と感謝されるとうれしい**のです。

〈神さま貯金〉を貯めていると、「いいこと」が次々とやってくるようになります。

そんなとき、せっかくの神さまのはからいに感謝せず、

「え～、○○を期待していたのに。たったこれっぽっちかあ」

と不満ばかり言う人には、神さまもガッカリして、積極的に「いいこと」を起こしてあげたくなくなります。

神さまが気持ちよく「いいこと」を起こしてくださるよう、私たちは普段から気をつけておきたいものですね。

だから、**小さなハッピーにこそ「ありがとう」と感謝する習慣を身につけてみませんか。**

私は、毎朝目覚めるたびに「ああ、今日も無事に起きられたのは、神さまに守られている証拠」と思ってうれしくなります。

だから、窓をあけて空を見上げながら、こう感謝を伝えています。

「今日もありがとう～～～！　一緒に頑張ろうね～～～～！」

これは、私たちを守ってくださっている存在、つまり神さまへの感謝であると同時に、自分の魂の入れ物である体にも感謝しているイメージです。

私が毎朝の習慣にしていることなのですが、頭がクリアになり、心も爽快《そうかい》になって、気持ちよく一日を始めることができます。

この素晴らしいリフレッシュ効果も、神さまに「ありがとう」が伝わっているから、お返事をもらえているのだと私はとらえています。

ちなみに、これは口に出して叫んでもいいのですが、抵抗がある方は、**心の中で唱えるだけでも大丈夫**です。神さまは、私たちの「頭の中の言葉」も聞いていますから。

だから、ことあるごとに「ありがとう」と感謝すること。あなたの小さな「ありがとう」を、絶対に神さまは見逃しません。

あなたの気持ちをあたたかく受け取ってくれることでしょう。

あなたの言葉にも備わっている「運命を動かす」エネルギー

言葉一つが、その人の可能性を引き出すこともあれば、潰《つぶ》すこともある――。

皆さんも実感されていることと思いますが、言葉にはエネルギーがあります。

実際、**私たち日本人が、言葉のエネルギーを「言霊《ことだま》」として神聖視し、大事にしてきたことは、まぎれもない事実**です。

そして言葉には、「魂の栄養になる言葉」と「魂の毒になる言葉」があります。

口にすることで〈神さま貯金〉が貯まるのは、もちろん「魂の栄養になる言葉」！

具体的にどんなものか、ご紹介します。

以前、専業主婦をしているHさんという方が相談に来たことがあります。彼女が若い頃は、女性が仕事を持つことが今より一般的ではなかった時代でしたし、もともと保守的な家庭に育った方でした。

だから、学校を卒業すると、すぐにお見合いをして結婚し、子供をもうけました。以来、献身的に家族を支えて暮らしてこられたのです。

しかし、やがて子供は成長し、実家からは巣立っていきます。それまで子育てにかかり切りだったこともあり、ずいぶん前から、夫とはすれ違い気味。

そんな彼女に残ったのは、ぽっかり空いた心のすき間でした。

私のサロンに相談に来たときのHさんは、そうした悩みを抱えていたのです。

彼女の「眠っていたポテンシャル」を目覚めさせた一言

しかし彼女をリーディング（透視）した私には、意外なビジョンが見えました。

Hさんが、**大勢の人を癒やしているところが鮮明に見えた**のです。

「子供さんが独立して、今、時間があるんですね。それなら、ご自分で何か始めてみませんか。**お仕事をなさってみてはどうです？**」

私の言葉を聞いた彼女は驚きました。

「ええっ、私、もうすぐ60歳なんですよ。今まで家の外で働いたこともないですし。一体、私に何ができるっていうんです？」

「**何だってできますよ。**たとえば……人を癒やすようなお仕事はどうでしょう」

「人を癒す？……面白そうですね」

Hさんの目がキラリと輝きました。

そこからのHさんはすごかったです。マッサージ、温熱療法、ハーブやアーユルヴェーダなどの民間療法の知識、ヒーリングの研究など、すごい勢いで勉強を始めました。小学校の理科室にあるような本格的な人体模型を買い、筋肉の付き方や仕組みなども学ぶほどの熱の入れようです。

新しい知識を取り込むことが楽しくて仕方がないといった様子です。

やがてHさんは「ヒーラー」として、自宅をサロンにして開業しました。

最初は友人や知人、近所の方だけを対象にを、小人数のお客をケアしていましたが、その素晴らしい効果が評判になり、宣伝など一切していないにもかかわらず、その評判は県外にまでとどろきました。今では新規の予約を取れない、知る人ぞ知る「伝説のヒーラー」として活躍しています。

相手の可能性を引き出す「いい言葉」をかけよう

もし私が相談を受けたとき、「無理ですよ」というようなネガティブな言葉をかけていたら……？

彼女の「やる気」に、ここまで火が付くことはなかったかもしれません。

しかし、**私の「何だってできますよ」という言葉が、Hさんの中に眠っていた力を目覚めさせ、引き出し、彼女の運命の「次の扉」を開かせました。**

これを「言霊」と言わずして何というのでしょう。そして、この「言霊の力」は、誰にでも使えるものです。

あなたもぜひ、周囲に「言霊の力」で魔法をかけてあげてください。

「あなたほど優しい人はなかなかいないよね」とか、

「きみは、人を楽しい気持ちにさせる天才だよね」とか、

「いいね、最高！」とか。

格好いい言葉である必要はまったくありません。あなたが心から思った言葉を、そのまま口に乗せるだけでいい。

それがきっかけになって、相手の運命が数年後、大きく変化していることは、よくあることなのです。

もちろん、口にしたあなたにも「いいこと」が起こります。

ポジティブな言霊を口グセにしている人が、驚くようなミラクルを起こしていくのを、私はたくさん目にしてきました。

それはきっと、人を幸せにする言霊を使った人には、〈神さま貯金〉のボーナスポイントがどんどん振り込まれるからなのでしょう。

運気の流れを変えたいときは、「1日10分、人のために時間を使う」

「何かいいことないかなあ……」

って思うこと、ありませんか？

特に現状に不満はないけれど、何となく停滞感があり、今の日常にどこか飽きている。「運気の流れ」を変えたいな。

そんなときに、私がおすすめしているのが**「ちょっとした奉仕」**です。

これが意外と、効果抜群なのですよ。

とはいえ、難しいこと、特別なことは必要ありません。

たとえば、**「1日10分、人のために時間を使う」**というのはいかがですか？

私が今行なっている「プチ奉仕」をご紹介します。

私が東京に来てから住んでいるマンションは、駅から近くて便利だし、目の前がイチョウ並木。秋になると見事な黄葉を窓から見下ろすことができるので、とてもお気に入り。

ただし築年数がちょっと古め。また、エレベーターがついていないので、自分の部屋があるフロアまで、階段で上り下りする必要があります。

引っ越してきたとき、ちょうど季節が秋でしたので、目の前の道路から、イチョウの落ち葉がマンションの周囲や階段の踊り場にまで吹き込んでいました。

また、マンション入り口のすぐ横には自動販売機がありましたが、マンションの住人だけでなく、その前を通行する人もよく利用する自動販売機のようで、その周辺にゴミ箱からあふれた空き缶が捨てられていて、マンション全体が、なんだか荒《すさ》んでいるように見えました。

それが気になった私は、**自分の手があいている時間に、マンションの共用部分をそうじすることにした**のです。

といっても、管理人さんがいますし、一居住者の立場であまり勝手なことはできません。私はただ、ゴミを収拾する日に合わせて、4階から1階まで階段をほうきで掃くだけ。また、余裕があるときはマンションの入り口にある自動販売機の周りのあふれた空き缶もゴミ袋に入れて捨てることにしました。

これを続けて数カ月たったころ、自宅を訪ねてきた知人が、不思議そうな顔をして、こんなことを言うのです。

「真印さん、引っ越してきたばかりの頃と今とで、何だかこのマンションの雰囲気が違うように思うんですけど……」

具体的にどう違うのか尋ねてみると、彼女は首をひねりながらこう答えました。

「マンションに入ったとき、前よりも光があふれているように思ったんです。以前うかがったときは、もっと薄暗かったのに」

「自分がしたいからする」が最高の奉仕

勘のいいあなたなら、ここでピンときたかもしれませんね。

そう、この「光」の正体は、神さまです。そうじをしたことで、神さまが明らかに近づいてきました。

神さまが喜ぶと、〈神さま貯金〉も貯まっていきます。実際、東京に引っ越してからの数カ月で、私のサロンに来る新しいお客さまの数は増えましたし、そこでつながったご縁から、メディアへの紹介もしていただきました。

仕事のチャンスが、松山にいたときよりもずいぶん広がったと思います。〈神さま貯金〉が貯まり、運気の流れがよくなったのです。

自宅ではない場所をそうじするのは、自分にはちょっとハードルが高い……。

そう感じた方なら、**ちょっとした小銭を募金するのもいい方法**だと思います。

試しに今日の帰り道、何かを買ったつり銭でいい、小銭を募金箱に入れてみませんか？　フワッと運気が上がって、思わぬうれしいサプライズが起こるかもしれませんよ。

ただし、自分に無理をしてまでする必要はありません。2章で述べたように、「自分の中を『ご機嫌』で満たす」ことをしてからが理想的。

そもそも私がマンションのそうじを始めたのだって、「どうせ毎日使うなら、きれいなほうが自分が気持ちいいよね」という思いからでした。

「小さなこと」「自分にできること」からコツコツと貯めるのが、〈神さま貯金〉を貯める王道。

そうした小さな心配りこそ、神さまは喜んでくれますよ。

4章
〈神さま貯金〉の法則③

やることをやったら、
後は神さまに
お任せする

大丈夫、あなたはまぎれもなく「守られている」

〈神さま貯金〉の法則③は、「やることをやったら、後は神さまにお任せする」です。

「えっ、そんなことでいいの？」

と拍子抜けされるかもしれませんが、これが一番難しいことなんですよ。

だって、私たち人間には、未来のことがわかりません。

普段は普通に日常生活を送っていますが、一年後どころか明日の自分がどうなるかすら、本当のところはわからない。

「わからない」ということは不安です。

だから、「自分の願いはかなうんだ」「（神さまから）守られているから大丈夫」

という、実感や安心感が欲しくなる。私や占い師さん、神社でひいたおみくじに書いてある言葉は、その裏付け、根拠となるものなのでしょう。

実際、相談者の方を見ていると、皆さん、私の言葉を「神さまからのメッセージ」として受け止め、大事に持ち帰られます。

そして、それをお守りのように大事にしてくれる。

思うに、「神さまとのつながり」や「神さまに導かれ、守られているという実感」をそこに求めているような気がします。

神さまとつながれば、とてつもなく安心できる

「でもね」、と私は思うのです。本当は、自分で神さまからのメッセージをキャッチできるようになったら、一番いいですよね。

だって、そうすれば、誰もが、

「私だから、大丈夫」

「やっぱり自分は守られている」

という確信や安心感と共に、毎日を過ごすことができるようになります。

大丈夫！　それは十分可能です。

というか、本当は、特別な能力なんてなくても、誰だって神さまとつながれるんです。

そのための具体的な方法が、この〈神さま貯金〉なのです。

ちょっとしたコツで、神さまから今以上に愛されるようになるし、今以上に応援してもらうことだってできます。

〈神さま貯金〉を貯めれば貯めるほど神さまとのつながりは強くなっていくから、誰でも自然と、神さまからのメッセージを感じ取れるようになっていきますよ。

目の前の「試練」をクリアすれば、一気に開運！

神さまが普段、どんなに私たちを優しく見守ってくださっているかが伝わるお話をご紹介します。

以前、私のもとに、Ｉさんという方が相談に来ました。相談を聞く前に、まずはビジョンを見ようとしたときのこと。

彼の背後にいる神さまが、ものすごい気迫でこう言っているのです。

「行くな！」と。

神さまがなぜ「行くな」とおっしゃっているのか……。私には皆目《かいもく》見当もつきません。

それでも神さまが、「そちらに行くな！」と訴えかけ続けるので、私はそのメッセージをそのまま本人に伝えることにしました。

Iさんは、それを聞いてピンときたようです。驚いた表情を浮かべながら、

「実はちょうどいま、転職を考えているんです。今日こちらに来たのも、その相談をするためでした」

と教えてくれました。

くわしく聞いてみたところ、Iさんは今の仕事でトラブルに直面している最中で、それから逃れるために転職を検討していたのです。

つまり、神さまは、

「待って！　**そこは、まだあなたの人生の分岐点（仕事を辞めるべきタイミング）じゃない。**現実で乗り越えないといけない課題は、まだ残っている。本当の分岐点は、それをクリアした後にやってきます。だから今、仕事を辞めて偽りの分岐点に進んでも、その先にあるのは行き止まりだよ」

と、必死に教えようとしてくれていたのです。

神さまのメッセージに気づいたIさんは、転職するのをやめました。今の仕事

にこれまで以上に腰をすえて取り組み、そのとき目の前にあったトラブルを解決することにしたのです。

その後、トラブルはうまく乗り越えられたそうです。このときの経験で、人間的に成長したと実感できたIさん。のちになって、**「あのとき、仕事を辞めなくて本当によかった」**と、お礼を言いにきてくれました。

どうせ「見守られている」から大丈夫

当然のことですが、私のところに来る方は、Iさんに限らず、悩みごとを抱えていることがほとんどです。

でも、たとえ今、どんなに「目の前が真っ暗!」というお気持ちの方でも、どうか安心してください。

神さまはいつもあなたのことを見守ってくれています。そして、私たちの人生の道のりを照らそうと、一生懸命に応援してくださっているのです。

だから、**もし今、「何だかうまくいかないな」と悩むことがあったとしても、それはあなたの人生にとって意味があるからこそ、そのタイミングで用意されていること**だということを忘れないでください。

確かに、そのときは不安だったり苦しかったりすることでしょう。しかし、必ず後から、「ああ、あのとき真面目にやっておいてよかったなあ」と納得するときがやってきます。

「逃げたい！」と思ったときこそ、ガッツリ「向かい合う」

神さまは、人生の時々で「試されごと（試練）」を与えますが、それは決して意地悪からではありません。あなたのその後の人生を、よりハッピーなものにするための「準備」なのです。

たとえば、「この技術は後から必要になるから、そろそろ勉強しておきましょう」とか、「人への思いやりを、今のうちに身につけておいたほうがいいね」といったように、あなたのための勉強材料を、ベストなタイミングで用意してくれているというわけ。

あなたの〈神さま貯金〉がたくさん貯まってきたから、そろそろステージアップのためのチャンスをあげましょう、という、神さまの〝はからい〟なのです。

神さまがくれたチャンスですから、今のあなたにつかめないはずはありません。

もし仮にうまくいかなかったとしても、必ず次につながる〝学び〟があるはず。

だから、もし「自分は今、試されている」と感じることにぶつかったなら、心の中でこう唱えてみてください。「私だから大丈夫!」と。

そして、もうすでにうまくいったかのように神さまに感謝してしまいましょう。

「神さま、こんな素晴らしい結果を私にくれて、ありがとうございます!」

そして、自分を信じてチャレンジしてみること。

本当に、それでうまくいってしまうから、大丈夫。

不安になる必要なんて、まったくないのです。

神さまがあなたの目の前の道を「通行止め」にするとき

基本的に、神さまは、「つかめないチャンス」を私たちに与えません。だから、目の前にある試練には、自分を信じて取り組みさえすれば大丈夫。

ただ、**なかなかメッセージに気づかない人に対しては、神さまはちょっと強引な方法で伝えることがあります**ので、注意しましょう。

私のもとに相談に来たJさんは、とても暗い顔をして、話しながら何度も涙ぐんでいました。彼女は看護師の資格を取るために学校に通っていたのですが、そこでの人間関係がうまくいかず、学校を休みがちになり、結局やめてしまったのだそうです。

そのときの挫折感が心に影を落としているのでしょうか。就活をしても、なかなかうまくいかないのだと、彼女は涙ながらに訴えました。

〝挫折〟こそが「本当の夢」に連れていってくれる

でも、私にはJさんが、本人が言うような、そんな不幸には思えません。

「私から見ると、あなたは今、とても幸せですよ」

戸惑った表情を浮かべるJさんに、私はこう続けました。

「だって、今は働いていなくても、実家で生活できているのですよね。今の状況を受け止めて、支えてくれる家族がいるということですよね。それは、とても恵まれた環境ですよ」

そう伝えると、Jさんは「確かにそうかも……」と、ちょっと気持ちが落ち着いたようです。**私は、そもそもなぜ看護師になりたかったのかを聞いてみました。**

すると、Jさんは「人の役に立ちたいから」と答えました。それなら、人を助ける仕事は他にもたくさんあります。

どうしても看護師でなければいけない理由はあるのかとさらに聞いてみると、

「だって、自分の母親も看護師だし……」

という答え。どうやら、「どうしても看護師！」という理由は、彼女にはなさそうです。

おそらく、自分が心からやりたくてその仕事を目指しているというよりも、彼女の母親が望んでいるから、看護師を目指しているのでしょう。

私は、こうアドバイスしました。

「どうしても看護師になりたいのなら、また学校に入り直して資格を取ることもできますよね。でも、あなたはそこまでの情熱がわかないという。もちろんそれは、決して悪いことではないんですよ。つまり、**その職業があなたに向いてないという、神さまからのメッセージではないでしょうか**」

Jさんは、私の言葉を聞いてハッとしたようです。

それからの彼女は、とても立派でした。自分が本当に何をしたいのか、改めて自分に問い直したそうです。そうして真剣に考えた末、心理カウンセラーの資格を取るための猛勉強を始めました。

心理カウンセラーのほうが、より一人ひとりの相談者さんとじっくり向き合えるし、メンタルの話は、自分の興味のあることでもある。

つまり、**自分に向いている職業はこれなのだ、と気づいた**のです。

今ではJさんは、地元の病院に勤めながらカウンセリングを行ない、やりがいをもって働いています。

うれしそうに報告をしてくれた彼女は、最初に会ったときとは別人のように、オーラも笑顔もキラキラ輝いていました。

物事がうまくいかない？——〝それ自体〟に意味がある

「頑張っているのに、どうもうまくいかないな……」

そんなときは、**それ自体が「神さまからのメッセージ」なのかもしれません。**

Jさんの場合、友達とうまくいかなくて、学校をやめることになってしまった。

その一連の出来事全体が、神さまからのメッセージでした。

おそらく神さまは、それ以前からJさんに、

「あなたが目指している道はお母さんの希望であって、あなた自身が望んでいるものではない。だからその道は、あなたの魂のテーマに合っていません」

というメッセージを、何度も送ってくれていたのでしょう。

でも、**彼女がなかなかメッセージに気づかないから、その先の道を「通行止め」にしたのです。**そうして、やや強引に彼女に進路を変えるようにうながしたわけです。

「そこで得た経験や知識は必ず生かせるから、そろそろあなたの魂が望む、本来の道に進みだしませんか？」

と、やさしいはげましも添えて。

Jさんに限らず、こうした相談者の方のエピソードはたくさんあります。

たとえば就職活動で二つの企業の面接をクリアし、どちらも内定が出そうだっ

たのに、なぜか片方は土壇場《どたんば》でダメになって、もう片方に行くしかなくなった。

結婚を考えていたけれど、なぜか今まで付き合っていた人とうまくいかなくなり、その縁が完全に途切れたとき、ふいに意外な別の人が現れた。

こうしたときは、**神さまが、**

「こっちはダメ！　こっちに進んで～～！」

と、一生懸命メッセージを送ってくれていることが多いのです。

普段はごくさりげないメッセージしか送らない神さまが、これだけわかりやすいサインを出すことはまれなのですが、それくらい、その人の人生にかかわる重大な場面であることが多いようです。

そんなときは、「神さまのはからいはいつもベスト」と信じて、運命に身を任せてみることをおすすめします。

「どん底」の後には超・幸せな未来が待っています

誰しも人生で一度くらいは「どん底だ〜!」という絶望的な気持ちになったことがあると思います。でも、実はそれって、すごくラッキー。

人生が、まるで「どん底」のような状態のときこそ、「好転」「浮上」の前触れなんですよ。

神さまからの「ボーナスチャンス」がまもなくやってきます。

以前、私のサロンに、学校の教師をしているKさんが相談に来ました。

初めて会ったときの彼のオーラは弱々しく、表情は暗いものでした。

Kさんの相談は、自分の職場のこと。**といっても、「教師」という職業自体に**

は大満足でした。Kさんは子供好きで教えることも大好き。自分の天職だと思っていたようです。学生のときから家庭教師をしていたほどでした。

「チャンス」は「ピンチ」の顔をしてやってくる

ところが、大学を卒業して実際に教師になってみると、配属先の学校が、彼にとって非常に窮屈な環境であることがわかりました。

彼がやりたいこと、子供のためになることが自由にできないのです。

たとえば、Kさんが自分なりに工夫しながら、子供たちに魅力的な授業を行なうと、それを疎《うと》ましく思う人たちがいました。

その学校のベテランの教師たちです。Kさんが熱心にハイレベルな授業を行なうと、自分たちが仕事に手を抜けなくなってしまう……。だから、Kさんがいい仕事をすることは、彼らにとっては都合が悪いというわけです。

また、体育祭で行なわれる組み体操。小さな子供たちが、あまりにも高いピラ

ミッドをつくるのを見たKさんは、

「すでに禁止している学校もあります。うちの学校でも、事故が起きてからでは危ないので、やめたほうがいいのではないでしょうか」

と、疑問を投げかけました。すると、

「うちの学校の伝統をここでやめるわけにはいかない」

と、その学校のベテラン教師たちに猛反対されたのだそうです。

その学校の体質が非常に古く、Kさんがどんなに説得しても、職員室では誰も耳を貸そうとしないのだとか。

それ以外にも、どんなに子供たちのためになる提案をしてもベテランの教師たちに拒《こば》まれて、彼はすっかり職員室で「浮いた存在」になってしまいました。それどころか、どんどん煙《けむ》たがられるようになってしまったそうです。

とはいえ、公務員ですからお給料は安定していますし、社会的な地位も保障されています。だから、ストレスで心身の調子を崩したKさんでも、なかなか辞める決心がつかなかったのです。

そんなKさんが職場を辞めるきっかけとなったのは、一見、非常にショッキングな出来事でした。彼の存在を疎ましく思っていた教員たちから、

「あなたは、教師として不適格だ。周りと合わせる気がまったくない。もう、ここから去ってもらえないだろうか」

と、いわゆる「三行半《みくだりはん》」を突き付けられたのです。

これまで全力で、子供たちのためになりたい。そのことだけを願って、一生懸命仕事を続けてきたのに……。すっかり打ちひしがれたKさんは、今にも壊れそうな心を抱えて、私のサロンのドアをノックしてくれたというわけでした。

こうして、あなたの人生は〝研磨〟されていく

確かにKさんからすれば、この状況は「どん底」です。

しかし、どん底は、実は吉兆《きっちょう》。だって、底に足が着いた人は、本能でそれを蹴《け》り上げます。だから、状況も運気も運命も、後は浮上するだけなのです。

私は、こう言いました。

「あなたが職場でいじめを受けて身心の調子を崩したこと。職場から三行半を突き付けられたこと。それは、神さまからのメッセージです。**神さまは『そこは君のいる場所じゃない。根っこまで腐ってしまう前に、そんな不毛な環境から早く抜け出しなさい』というメッセージを送ってくれていますよ**」

これを聞いて、彼の心はすぐに決まったようでした。

それからほどなくして学校を辞めたKさんは、自宅で学習塾を開くことにしました。そこでは、かつて勤めていた学校ではできなかったような実験的で面白い教え方をしていて、地元の子供たちに大好評なのだそうです。不登校で自宅から出られなくなっていた子供も、不思議と、彼の塾には元気に通ってくるのだとか。

彼は子供たちにものを教え、導くことが本当に好き。**その情熱に惹かれて、自然と人が集まってくるのでしょう。**

また、Kさんの塾に通う子供たちはグングン成績が伸びると、親御さんにも人気なのだそうです。少子化で塾の経営は厳しいところが多いと聞きますが、彼の塾は順調に生徒が増えています。**公務員として教員をしていた頃より、経済的にも格段に豊かになりました。**

やりがいのある仕事も、経済的な豊かさも手にしたKさんは、毎日、使命感と喜びをもって、毎日を過ごしています。

Kさんの例は、**「どん底」を一度通り抜けると、人はグンと突き抜ける**、と私が実感したエピソードでもあります。

基本的に、神さまが私たちに課してくる「試験」は、クリアするとステージアップが約束されているボーナスチャンスですが、Kさんのように、その人の健康を害するレベルのものである場合、「その環境から離れなさい」というサインである可能性があります。腰をすえてぶつかるのが正解なのか、その環境から離れるのが正解なのか……。「試験」によって答えは違いますから、その見極めには十分注意をしてください。

「惹かれ合う力」を強くする、ご縁のつなぎ方

「ご縁のつなぎ方」は、皆さんの最大の関心ごと。そして、ご縁は人間関係だけのものではありません。仕事やチャンス、人生の転機など、あらゆることに「ご縁」がかかわっています。

ここでは、「ご縁のつなぎ方」についてお話ししましょう。

私がご縁についてアドバイスするとき、いつも言うこと。それは、**「手は常に解放しておいて（広げておいて）」**ということです。

これはどういうことかというと、大切な人と向かい合うとき、注目するのは「今ここ」であるということです。

お互いの過去や未来は関係ありません。

「今、この二人が出会った」ということだけが、真実なのです。

そのことに注目すれば、大切な人と一緒にいられる時間を、

「あなたと会えてうれしい」

「あなたと過ごせる時間が今、とても幸せだ」

と、ハッピーで満たされた気持ちで過ごせるはず。

これが、私が言う「手を解放した状態」の意味です。

「しがみつく」から関係も崩れていく

どんなご縁も、最初は細い糸のような頼りないものですから、不安になるのはわかります。だから、そんなとき、

「この人を離してはならない！」

とばかりに、ギュ〜〜〜〜ッと手をつかんで握りしめる人がいます。

「自分たちは付き合っているのだから、一日に一回は電話をしようね」

と束縛しようとしたり、

「自分の前にはどんな人と付き合ってきたのだろう」

と不安になって責めたり、

「この人は、自分のことをどれだけ思ってくれているのか？」

と、相手の気持ちを推し量ろうとしたり。

私はこれを**「相手の過去を消しゴムで消そうとする行為」**と呼んでいるのですが、案外、これをお互いに対してやっているカップルがたくさんいるのです。

こうした愛情からゆえの行動が、せっかく神さまのはからいでつながりかけた大切なご縁を、プツリと途切れさせてしまう原因になりかねないのです。

「なんでわかってくれないの」は、なぜ起こる？

「この人と別れてしまったら、絶対に自分は生きていけない」とか、

「これを逃したら、もう次はないかもしれない」とか……。

こんなふうに相手に執着してしまう人を、私は仕事柄たくさん見てきました。

そんなとき、人は「この人こそ、自分を幸せにしてくれる！」と思い込んでいることがほとんどです。

おかしいですよね、人は本来、自分ひとりでしか幸せになれないものなのに。

恋人も、パートナーも、親友も、家族も、あなたを幸せにしてくれるわけではありません。あくまで、あなたの幸せに〝協力〟するだけ。

しかし、一度誰かに執着してしまうと、人はその大切なことを、いとも簡単に見失ってしまいます。そして、「この人こそ、自分を幸せにしてくれる！」と強く思い込めば思い込むほど、人は心に大きな不満を抱えてしまうものなのです。

「自分はこんなに思っているのに、なぜ彼（女）は自分のことをわかってくれないの！」と。

厳しいことを言いますが、それは勘違いです。

だって、他人の心がわからないのは、当たり前のことではありませんか。私のような霊能力を持っている人間でさえ、リーディング（透視）でわかるのは限定的な範囲のこと。すべて丸っとお見通しというわけにはいかないのです。まして や皆さんがいくら相手のことを思ったとしても、自動的に相手にそれが伝わるわけがありません。

そして、相手への過剰な思いや勝手な期待は、相手の魂を束縛しますから、負担になってしまうことが多いのです。

だから、せっかくのご縁の糸が途切れてしまう——。

意識を向けるのは、いつも「自分の心」！

そうなりたくなかったら、不安に襲われそうになったとき、「今ここ」に意識を立ち返らせること。余計な期待や執着を捨て、目の前にいる相手を「ありのまま」に見つめることです。

もし、気持ちが募《つの》って冷静でいられなくなったら、「相手」ではなく「自分の気持ち」を確認するようにしてください。

相手を「素敵な人」「大切な人」と思っている自分自身の心を見つめるのです。

そうやって、「相手の気持ち」を推し量ろうとするのではなく、「自分の気持ち」に注目してみてください。

すると、**「彼（女）の魅力に気づけた自分、すごい！」**と思えてきて、心にゆとりが生まれてきます、すると、相手にしがみつくことなく、「ありのまま」の相手の姿が見えてくるでしょう。

こうやってあなたが自分の両手を解放していると、相手は「安心」します。**その安心感が、「この人といると、やっぱり心地いい」という確信となって、二人の結びつきを強めていく**のです。

この「ご縁のつなぎ方」を心に置いておくと、神さまからの応援を、フルに生かせることをお約束します。

人間関係の〝入れ替わり〟が起こったら、おめでとうございます

新しいご縁に恵まれることもあれば、それまで仲のよかった友人やパートナーと、だんだん距離が生まれてしまうこともあります。

私自身、相談者さんからこのような人間関係についての相談を受けることがよくありますが、お答えすることはいつも同じです。

「それは、お互いが離れるタイミングが来たということです。『お先に失礼』でいいのではないでしょうか」

私たちは、魂も肉体も、常により上のステージにレベルアップすることを神さまから宿命づけられています。

だから、人生のときどきに「試されごと」が出現する。

あなたがそれと向き合ってクリアするたびに、あなたの魂の容量が大きくなり成長します。**人間としてレベルアップする**のです。それは、本書をお読みのあなたなら、日々実感されていることと思います。

あなたの周囲にいる人たちも、同じスピードで成長できればベストなのかもしれませんが……。

人にはそれぞれ、生まれ持った「生きるスピード」があります。

あなたがレベルアップして次のステージに移ろうとしているとき、あなたのお友達はまだ現状のステージにとどまったままで、移れないのかもしれません。

あなたの「レベルが上がった」から起きる現象

どちらかの価値観がガラリと変わってしまうと、同じ空間で時間を共有することが急に難しくなります。

具体的にどんなことが起こるかというと、あなたは普段通りに生活しているつもりなのに、なぜか急に、周囲とぎくしゃくするようになります。

今まで親密にコミュニケーションをとっていた相手と、なぜか急に話が通じなくなったり、居心地のよかった仲間のはずなのに、一緒にいると、どこか息苦しさを感じるようになったりします。

または、これまで通じ合っていたはずのお友達から、信じられないような意地悪な言葉を投げつけられることもあるでしょう。

言葉だけを見て傷ついてしまうこともあると思いますが、実はそれは、悪意というより、嫉妬《しっと》や羨望《せんぼう》の表れであることが多いもの。

つまり、**あなたがレベルアップしたから、今いる人間関係がふさわしくないということを告げる、神さまからのメッセージ**なのです。

これは、あなたにふさわしいステージと人間関係が次に用意されているということでもありますから、寂しがる必要はまったくありません。

「自分自身」をどんどん更新させて、進化を続けていきましょう。

それが、〈神さま貯金〉を貯める近道です。

この人間関係が切り変わるタイミングに気づかず、ズルズルとこれまでの関係を続けてしまうと、大きなストレスを感じます。

不要なストレスや迷いを背負い込まないためには、普段から自分の機嫌に目を向けること。 そうすると、これまでとの「変化」を察しやすくなるでしょう。

どういうことかというと、お友達と別れた後、すぐに抱く「自分の感想」を大事にしてください。

「あ〜、疲れたな〜」だったなら、徐々に距離を置きましょう。

「明日も会いたいな♪」だったら、交流を続けましょう。

明確な理由は見つからなくても、あなたの「ご機嫌」が何より確かな証拠となります。

自分の「心の声」に耳を傾ける習慣を身につけていると、いつでも元気ハツラツで過ごすことができますよ。

「正義感」で人を裁かない

——「厳しい目」を向けるのも、ほどほどに

「なぜ、あの人はこんな意地悪なことをするんだろう？」

「○○さんて、本当にひどい！」

ときには、誰かに対してこんなふうに憤《いきどお》ることがあるかもしれません。日常生活は、他人との人間関係なしには進みませんから、トラブルや感情のもつれは、誰しも避けては通れないものだと思います。こんなとき、

「あいつは悪いやつだ！」

「人として間違っている！」

こんなふうに決めつけたくなることもあると思いますが、グッとガマン。

神さまは、あなたが他人を裁く（ジャッジする）ことがあまり好きではありませ

ん。なぜなら、**それは神さまの仕事の領域だから**です。

だから、他人をジャッジすることがクセになってしまうと、〈神さま貯金〉が急に貯まりにくくなります。

私たちはただ、「あのときはこうすればよかったなあ」と気づいたことがあるのであれば素直に反省し、「次は気をつけよう」と受け止めれば完璧。

後は、相手を許してあげましょう。それがすぐには難しければ、とりあえず忘れるだけでもいい。

たったこれだけで〈神さま貯金〉が貯まるのですから、おトクではありませんか？　自分自身もそのほうが断然、心穏やかに楽しく過ごせます。

「あ、そうなんだ」と認めるだけでうまくいく不思議

神さまは、他人を裁く人が好きではない……。

このことに私が気づいたのは、ある人といさかいがあったときのことです。以

前、親しくしていた友人に何度も約束を忘れられた私は、つい強い口調で相手を注意しました。すると、相手も逆上して言い返してきたのです。

「なんて理不尽な人なの！」

とあきれる私に、神さまから声という形でメッセージが届きました。

なんと、**「あなたが謝れ」**と……。

なぜ、非がある相手ではなく、私が頭を下げて謝らないといけないのでしょう。

私が憮然《ぶぜん》としていると、神さまはさらにこう語りかけてきました。

「あなたは獣《けもの》か？　腹が立ったら『腹が立つ』、それでは動物と変わらないではありませんか。『道理を理解しているほう』が頭を下げるのです」

そこで私は少し頭を冷やし、相手に謝ることにしました。

「この間はごめんなさい。感情的になってしまって」

すると、相手も「こちらこそ申し訳なかった」と謝ってくれて、二人の関係は元通りになりました。これと同時に、私の〈神さま貯金〉も貯まったことを実感しました。

　このとき、私は気づいたのです。**神さまが望んでいるのは、私たち人間が「対立」するのではなく「つながる」ことなのだということに。**

　他人をジャッジしようとすると、どうしても「対立」が生まれてしまいます。

私自身、もともと正義感が強いほう。「この人、間違っている！」と思うとつい一言、言いたくなってしまいがちでした。

　でもこのことに気づいてからは、まず相手に「寄り添う」ことを心がけるようにしています。

　一見、難しそうかもしれませんが、実際はとてもシンプルです。

他人を「否定も肯定もしない」というイメージです。

「この人はこういう人なんだなあ」

　と事実を受け止めたら、そこで思考をストップする。

　これが自然に実践できるようになると、〈神さま貯金〉が貯まりやすい体質にグンと近づきますので、ぜひ覚えておいてください。

悪意や悪口は「受け取り拒否」するだけでいい

とはいえ、世の中にはどうしても、明確な悪意や意地悪というものもありますね。それらは、とても強い「毒」をはらんだエネルギー。

あなたが「カチン！」ときて言い返したりやり返したりすると、どうしても毒を浴びてしまいます。

ですから、それらは意識して**「受け流す」**よう努めてください。「あら、ごめんなさい」と頭だけ下げて**「受け取り拒否」をする**のです。

あなたが頭を下げて「受け取り拒否」をすれば、**その毒のエネルギーはブーメランのように、放った人に返っていく**のです。

誰かに善意を向けると善意が返ってきますよね。それが、〈神さま貯金〉でいう、この世の仕組み。

これと同じように、誰かにネガティブなものを向けると、自分にネガティブなものが返ってきます。私はこれを、こう表現しています。

「自分の目の前の地面に、墓穴《ぼけつ》を掘りながら歩いているようなもの」

一見、とても恵まれた環境で順風満帆な人生を送っているのに、意外なところで足を引っ張られる人がいます。それも、突然の病気やケガ、事故といった、本人にはどうしようもないアクシデントで。

それは、過去にその人が誰かに向けたネガティブなもの――たとえば、悪意や裏切りといった因果が、大事な場面で本人に返ってきているだけなのかもしれません。

そうした方が相談に来ることがありますが、その方が自分のこれまでの人生を振り返ってみないと、うまくいかない原因がわからないことが多いのです。

だから、**自分は悪くないとわかっているときほど、安心して頭を下げてください。**

神さまは、どんな人間の行ないも絶対に見逃しませんので、こうしたちょっとした行動で、あなたの〈神さま貯金〉がどんどん貯まっていくことでしょう。

5章

実践！ 神さまがボーナスを振り込んでくれる習慣

Let's try!

「マイブーム」をたくさんつくる

1章で、〈神さま貯金〉の法則①は「自分の中を『ご機嫌』で満たす」ことだと述べました。これはとても大事なことなので、私はいつも、自分の生活の中に「自分をご機嫌にできる仕掛け」をちりばめています。

この仕掛けを取り入れておくだけで、放っておいても〈神さま貯金〉がどんどん貯まる幸運体質になるというわけ。

本章では、その具体的な例をいくつかご紹介します。

興味を持った方は、ご自分の生活の中に取り入れやすいものから、一つでいいので、ぜひ試してみてください。

〈神さま貯金〉を貯める第一歩は、こんな「ちょっとしたこと」でいいのです。

毎日を「遊び感覚」で楽しむコツ

私は、**「マイブーム」をつくるのがとても得意**です。

たとえば、編み物。私は、ときどきニットを編みたくなることがあるのです。セーターのような大がかりなものをつくることはめったにありませんが、縄《なわ》編みを10分間するだけでもとてもリフレッシュします。

10分の間にできた縄編みを見返すと、「自分でもこんなに編めるんだ！」とワクワクしますし、満足します。

こうした「日常的な楽しみ」を行なう時間を、1日10分、それが難しければ5分間でもいいのでつくってみませんか？　たとえわずかな時間でも、自分が好きなことをする時間をつくってみると、そのために一日頑張れたりするものです。

もちろん、好きなことをしている時間は「自分らしさが輝いている時間」ですから、〈神さま貯金〉もスピーディに貯まります。

ニットのほかに私がハマったマイブームをご紹介しますと、「調理実習」があります。どういうことかというと、私にはたまに、一つのメニューを集中してつくりたくなることがあるのです。

普段、料理は得意ではないのですが、家事としての料理ではなく、**「実験感覚」で楽しむ料理には、ものすごく大きな楽しみを感じる**のです。だから、あえて「料理」ではなく「調理実習」と呼んでいるというわけ。

コロッケづくりにハマっていた頃は、具材を明太子《めんたいこ》に変えたり、コロッケの形をボール型にしたり……。考えつく限りのさまざまなバリエーションを加えました。その工夫を考えている時間が、とにかく楽しくて楽しくて……。

あまりにもコロッケばかりつくるので、ある日、子供たちから、

「お母さんはコロッケしかつくれないの？」

と言われてしまいました（笑）。

他に、チーズケーキづくりにハマっていた時期もありますね。

料理に苦手意識のある私ですが、マイブームにしてしまえば、ものすごく楽し

い〝遊び〟になるのです。

こんな小さなことでも「いい状態」は保てる

日常的な家事そのものも、自分への「ご褒美タイム」にすることが可能です。

私自身、まだ子供が小さかった頃は美容師として働いていましたので、夜遅くに帰ってきてから子供たちの明日の準備を手伝って、寝かせるためにお風呂に入れて……。毎日フル回転していました。

このままでは魂まで疲れ果ててしまうと思った私は、自分のための「ご褒美の時間」をつくることにしたのです。

私の場合、汚れていた場所がきれいに片づく瞬間が大好き。だから、そうした時間を積極的に「楽しむ」ことにしたのです。

たとえば、家族や友人が集まってパーティーをした後、リビングやキッチンでは食器や食べ物のごみで、テーブルがいっぱいになりますね。

それを見ると、がぜん張り切ってしまうのです。

「さあ、やっつけよう！」という感じです。

食器をきれいに洗い上げ、ごみを捨て、さっきまで散らかっていたリビングがきれいになると、それを見た私はスッキリして、すぐに「ご機嫌」になれます。

気分もスッキリ爽快になっているので、そんなときは、

「やればできるじゃない、私！」

「さすが自分♪」

と、徹底的に自分をほめます。

自分をほめるハードルは、低ければ低いほどいいのです（笑）。


こうした、**自分が楽しめる〝仕掛け〟を日常的にいっぱいちりばめておくと、いつも自分を自分をワクワク楽しませてあげられます。**

言うまでもなく、自分がワクワク楽しんでいる瞬間は、〈神さま貯金〉がどんどん貯まっている瞬間でもあるのです。

「色」「音楽」「香り」の力を上手に借りる

次に、私が毎日の生活で大事にしている、**「色」「音楽」「香り」の力を借りてご機嫌になる方法**をお伝えします。

「色」はファッションやメイクで取り入れやすいでしょう。

たとえば、**私は自分でネイルをするのが大好き。**ちょっと疲れているなと感じたときは、赤やオレンジといった鮮やかなビタミンカラーのネイルを塗ってテンションを上げます。

「リフレッシュしたいときはグリーン」「気持ちを落ち着けたいときはブラウン系が効果的」など、ぜひ自分の好きな色やそのときの気分で試行錯誤して、「色」

の力を日常に取り入れてみてください。

次に**「音楽」**。気持ちが沈んでいるときにこの曲を聴くと元気が出るとか、この曲を聴きながら家事をするとはかどるなあ、といったラインナップが皆さんにもあるのではないでしょうか。

私は矢沢永吉さんが大好きで、彼のCDは常に車の中やリビングにそろえています。食器を洗いながらCDをかけると気分が上がってどんどんはかどりますし、CDに合わせて一緒に歌うと、大きなストレス発散になります。

掃除や片づけ、車の運転をしているときは、「ノリのいい音楽」を選んでいます。音楽の力で体が軽くなり、体の動きが活発になるのを実感できるからです。

反対に仕事のときは、穏やかで落ち着いた音楽をBGMに選び、静かに部屋に流すことにしています。すると、お客さまにもリラックスしてもらえるし、私自身もリーディングに集中しやすくなるというわけ。

「音楽」の力を上手に借りると、自分の力が何倍にもパワーアップするように思

います。

最後に**「香り」**。私の場合、仕事のときは白檀《びゃくだん》やフランキンセンスといった、どこか神秘的な香りを部屋に漂《ただよ》わせることにしています。そうした香りの中ではリーディングに集中しやすく、相談者の方のビジョンが見えやすいということが、自分の経験からわかっているのです。

反対に、オフのときは、ココナッツ系の甘くてキュートな香りが大好き！　楽しい気分を盛り上げてくれるので、ルームフレグランスなどで楽しみます。

オンとオフでの香りの使い分けは、頭の中の切り換えにもつながるので、おすすめの方法です。

それで「自分の気分が上がるか」がポイント

これら「色」「音楽」「香り」を選ぶ基準はすべて、「それで自分がご機嫌になれるかどうか」です。

だから、あなたも「自分がご機嫌になれるかどうか」を、いろいろ試してみて、自分に合うものを見つけてください。

誰かの真似をする必要はありません。あなたのアンテナに引っかかるものが、一番〈神さま貯金〉を貯める助けになりますよ。

ただし、年齢や人生の変化などで、好みが変わっていくことはよくあります。

これまで大好きだった「色」「音楽」「香り」が、どうも最近心に響かない……ということも、いずれ起こるかもしれません。

そうなったら、ぜひ更新をしましょう。「よりワクワクできるもの」「より楽しめるもの」「より好きになれるもの」が必ず見つかりますから、好みの変化を寂しがる必要はありません。

常に自分の中を「ご機嫌」で満たして、神さまともっと上手につながりましょう。

模様替え、イベントごと…「季節感」を大事にして暮らしてみる

ちょっと大がかりな方法ですが、「模様替え」も、自分をご機嫌にするのに効果的な方法の一つです。

私は自室の模様替えが大好き。季節ごとにカーテンを替えますし、家具も移動させたりします。

なぜかというと、季節によって室内へのお日さまの当たり方は変わりますよね。それに合わせて、カーテンや家具を移動させているのです。

私は毎朝、ソファに座ってコーヒーを飲むことを日課にしているのですが、そのときに、自分にお日さまが当たっていてほしいのです。

朝のお日さまを浴びながら、ゆったりソファに座ってコーヒーを飲む……。

ポカポカとした暖かさに包まれて、自分の体中の細胞が喜んでいるのをはっきりと感じられますし、その贅沢《ぜいたく》な時間を独り占めできる喜びに浸れる瞬間が、本当に幸せなのです。

この幸せ時間を確保するために、ソファをお日さまが当たりやすい位置に替えているというわけ。

愛媛県・松山にある私の実家でも、夏になると、障子《しょうじ》を和紙のものから竹で編んだ夏障子に替えていました。見た目にも涼しげで、そこを通る風が非常に気持ちよかったことを今でも覚えています。

このような**「四季を大切にする風習」は、日本では昔から根付いていました。**お正月から節分、端午《たんご》の節句に夏祭りと、季節ごとの行事が多いのもそのためでしょう。

しかし、現代を生きる私たちは、この「季節感のあるイベント」を昔ほど大事にできていないような気がします。

何でもない一日を「特別な日」に変える行事

一年中、同じような日常の繰り返しだと、魂が刺激を受けられず、神さまとつながる大事なアンテナがさびついてしまいます。

私たちのご先祖は、このことを知っていたから、「季節ごとのイベント」を大事にしていたのではないでしょうか。

盆踊りなどは特に顕著《けんちょ》ですが、「見る」よりも「参加する」ことに意味があるものも多いですよね。**「季節ごとのイベント」を楽しむことには、魂を喜ばせる大きな効果があります。**

地元の夏祭りや秋祭り、盆踊りなどがあれば、ぜひ参加してみませんか。

そうしたことが難しければ、今はクリスマスやハロウィン、イースターなど、新しい「季節のお祭り」がたくさんあります。

必ずしも「伝統」にこだわる必要は、私はないと思っています。あなたが「面白そう！」とピンときたイベントには、どんどん参加してみてください。

お祭りが難しければ、冒頭の私のように、**模様替えをして「季節感」を感じるだけでも十分。**

家具のレイアウトまで変えなくても、季節を感じさせる花をコップに一輪飾るだけでも、気分が上がって自分の中にハッピーが生まれます。

たとえば夏にヒマワリが一輪生けてあったら、帰宅してそれを目にするだけでも、花からエネルギーがもらえるようで、元気が出ますよね。

四季を感じて生活するのも、心身をリフレッシュさせ、自分の中を「ご機嫌」で満たす方法の一つです。

一日の終わりを、心身の「浄化タイム」にする

1章で、私たちの魂は、この世に生まれてくる前に天上界にいた、と述べました。天上界は、魂にとって「ふるさと」のようなところです。

私たちが夜眠っている間、魂はこの「ふるさと」に一時的に帰っています。なぜかというと、理由は二つあります。

一つ目の理由は**「自分のテーマを確認するため」**。

私たち人間は、どうしても他人の言葉や状況に惑わされ、自分のテーマを見失いそうになることがあります。

神さまはそうならないように、魂をこまめに里帰りさせて、

「あなたのテーマはこれですよ、忘れないようにしてくださいね」

と思い出させてくれているのです。

だから、**夜、眠っているときに見た夢には、そのときの人生における重大なヒントが隠されている場合が多い**のです。デジャヴュや正夢というのは、その最たるものですね。

もう一つの理由は**「リフレッシュ」**です。

ずっとこの世で研修していると、魂も疲れてしまうので、肉体が眠っているときぐらいは「ふるさと」に帰って、思いっきりリフレッシュさせてもらうというわけ。ただし浅い眠りですと、魂がふるさとに帰るのが難しいようです。

ですので、夜、眠る前の準備はとても大事です。深く気持ちよく眠ることで、魂をふるさとに帰してあげましょう。

また、魂のリフレッシュ度合いも上がりますので、**あなたの朝の目覚めもグンとさわやかで、今以上に気持ちのいいものに変わってきます。**

自分の体に「感謝の言葉」をかけていますか？

私には、気持ちよく一日を終えるために、お風呂で行なっていることがあります。**体を洗いながら、自分の体にねぎらいの言葉をかけているのです。**

「お疲れさま」
「今日も一日、ありがとう」

こんなふうに自分の体に声をかけながら手で触れていると、体の細胞もうれしがって元気になることを感じます。

体は、神さまとつながる魂の入れ物。現代人は、つい自分の体を自分のものと勘違いして酷使《こくし》しがちですが、本来、神さまから一時的にお預かりしている大切なもの。もっと丁寧に取り扱わないといけないと、強く思います。

そのために私が湯船に浸かって体を温めるときにしている工夫があります。

それは、**湯船に塩を入れること。**塩にお浄《きよ》めの力があることは有名ですし、体内の毒を排出するデトックス効果もあります。

このとき使う塩は、市販のバスソルトでもいいのですが、私は「赤穂《あこう》の塩」や「伯方《はかた》の塩」といった天然の塩を使っています。

精製塩ではなく、天然（自然）塩を選ぶのがポイント。それさえ守れば、基本的には何を使ってもいいでしょう。

体を芯《しん》から温めると、疲れも取れてぐっすり眠れるので、朝の目覚めも快適です。私は42度くらいの温度で、約一時間、バスタイムを取ることにしています。

「大切な人」に愛を伝えてから眠りましょう

そして、今日の「宿題」は、できるなら今日終わらせましょう。たとえば、返信したほうがいいメールはその日のうちに返してしまいます。そのほうが気持ちよく眠りにつけますし、翌日の朝、ご機嫌な気分で目覚めることができますから。

そうして、**横になったら今日起こった出来事を振り返って、頑張った自分をほめてあげてください。**

もしその日、ちょっとしたいさかいなど、自分一人ではすぐには解決できないようなことが起こったとしたら……？

できれば、その〝気がかり〟な人に、「愛してるよ！」「大切だよ！」と、愛の祈りを贈ってください。

もちろん、この愛の祈りは、家族や友人、恋人に贈るのも素敵です。

たとえ遠く離れた場所にいる相手だとしても、祈りは必ずつながります。**あなたが、その人と「つながっている」と感じるとき、それは確かに「つながっている」のです。**

こうして今日、自分に与えられた一日に感謝して、ゆっくりとまぶたを閉じ、安心感とともに休んでください。

深く深く眠れたら、明日はさわやかな朝を迎えることができるでしょう。

人の「いいところ」を100個書いてみる

私はサロンに来た方に、よく「美点発見１００」というワークをしてもらっています。

これは元は「心の学校」グループの創始者・佐藤康行学長が考案された「美点発見ノート」というワーク。「苦手な人、嫌いな人の美点を１００個書いてみる」というものです。試しにやってみたところ、とても効果があったので、アレンジしながら使わせていただいているのです。

相談者のLさんは、奥さんとの関係がうまくいっていなくて悩んでいました。

結婚する前はとても優しかった奥さん。しかし、年々性格がキツくなっていって、最近は毎日、家で怒られてばかりなのだと嘆きます。

そこで、この方に奥さんの「美点発見」をしてもらいました。

すなわち、奥さんの「いいところ」を100個、紙に書き出すようお願いしたのです。最初、Lさんは筆が進まず、とても困った様子でした。

「彼女のいいところ？　全然、思い浮かばない……」

そこで、私はこんな質問をしてみました。

「結婚前の彼女は、どうでしたか？」

すると、彼の顔がパッと明るくなり、

「優しい」「明るい」「いつも笑顔でいる」「冗談をよく言っている」……

次々に「いいところ」を書き出し始めたのです！

自分のかけている〝歪んだ眼鏡〟に気づくと……

Lさんは書きながら、

「彼女にはこんなにもいいところがあったのに、どうして結婚後にはなくなってしまったんだろう」

と不思議がっていましたが、そのうち、ふと気づきました。

自分が「ネガティブな感情の眼鏡」をかけていたために、彼女の「いいところ」が見えなくなっていたことに……。

むしろ、自分が「悪いこと」に注目する眼鏡をかけていたために、相手もだんだん不機嫌になって、二人の仲がぎくしゃくしていた、ということにも思い当たりました。

そうなれば、しめたものです。徐々に、

「もしかして、仕事ばかりを優先していた自分に問題があったのかもしれない」と反省するようになったLさん。それからは、奥さんに対して「いつもありがとう」と、こまめに感謝を伝えるようになったのだとか。

すると奥さんは徐々に、以前の明るさを取り戻していきました。**「美点発見100」をきっかけに、壊れかけていた夫婦の関係が見事によみがえったのです。**

「人の美点」に気づけば、会社の業績も上向く！

「美点発見100」の効果は、家族のような少人数の問題解決だけにとどまりません。もっと大きな規模の人間関係のモヤモヤを解決することもできますし、会社を立て直すことだって可能です。

私のサロンに、会社を経営しているMさんという方が来たことがあります。

「もっと会社の業績を上げたい」

と相談するMさんに、私はこのワークをすすめました。

「会社のスタッフの方々のいいところを100個見つけてください」と。

Mさんは、それをきちんと実行してくれました。それも、毎日！

「今日は元気よく挨拶してくれた」

「廊下に落ちているゴミを拾ってくれた」

といった具合に、毎日100個、スタッフそれぞれの美点を書き出したのです。

想像するだけですごい労力がかかりそうですよね。これを続けるためには、相当、熱心にいつもスタッフの「いいところ」を観察していないといけません。

Mさん自身、ワークを続けているうちに、「このスタッフはこんないい面があったんだ」とたくさんの気づきを得られたそうです。

そして、悪化していた会社の業績が上向いてきたのだと報告してくれました。

おそらく、Mさんのスタッフへの接し方が変わったことで、スタッフも彼を受け入れるようになり、**皆の仕事に対する取り組み方に変化が生まれた**のではないでしょうか。

人を変えるのは難しい。けれども自分の見方を変えることは、誰にでもすぐにできます。

「美点発見100」はそのためのきっかけを与えてくれるでしょう。

自分の「いいところ」を100個書いてみる

「マインドフルネス」が流行し、瞑想《めいそう》や坐禅《ざぜん》が大ブームになりました。

確かに、これらは自分の魂と向き合うためにとてもいい方法ですが、人によってはおすすめできないことがあります。

それは、自己肯定感がすごく下がっていたり、自分が嫌いだという状態になったりしている方。

こんな状態のとき瞑想をすると、自分を責める声が脳内に聞こえてきて、心が休まらないでしょう。ですから、まずは低下してしまった自己肯定感を、健康な状態にまで引き上げて、元気になってもらえる方法をすすめます。

あなたには「あなたの魅力」が満載です

やり方は、前項でご紹介したことと基本的に同じ。ただし、他人ではなく「自分の美点」を100個書き出してもらうのです。

私のもとに相談に来る方は、自己肯定感が低く、自信がなくなっている方が多いので、皆さんなかなか書けません。

10個ぐらい書いた段階でペンを置いて、落ち込んでしまいます。

「自分の悪いところだったら、いくらでも書けるんだけど……」

そんなときは、私が助け舟を出します。

「いつもバッグの中が整理整頓されているというのも美点になりますよ」

「あなたは字がきれいなので、それも加えたらいいんじゃないかしら」

そうすると書き進められるのですが、しばらくしたらまた止まる、の繰り返し。

止まるたびに、私は別の切り口を一緒に見つけようとします。

「動物が好きというのも当てはまります」

「食べ物の好き嫌いはない？　なら、それも美点になるんじゃないかな」

そんなやり取りをしながらワークを進めると、30〜40分もあれば十分100個、書き出せるものです。それを見たら、

「自分にはこんなにいいところがあるんだ！」

と気づいて、だんだん自信がよみがえってきます。

「今の自分」と「望む未来」に橋をかけよう

そうなると、口にする言葉も変わってきます。

その人自身が「未来」を語るようになるのです。たとえば、

「自分は動物が好きだし、お世話をするのも好き。だから、トリマーさんになりたい。そのためには、専門学校に通おうかなあ」

こんなふうに、**自分から「こうなりたい」という未来を語りだすのです。**

さらに、「こうなりたい」に近づくためにはどうすればいいかまで、セットで考え始めるのです。

この劇的な変化を目の当たりにすると、私が毎回、感動してしまいます。

もちろん、こんなときは、魂も元気になっています。ワークをするまでは弱々しかったオーラが、終わるころにはまばゆく輝いています。それまでは暗く閉ざされていた心に、明るい光が差し込んだのでしょう。

どんな方にもいいところは100個どころか、きっと無限にあります。

とくに自己肯定感の低い人は、自分の可能性を発掘するために、「美点発見100」をぜひ試してほしいと思います。

他人の言葉によって傷ついてぺしゃんこになった魂を膨らませる、とてもいい方法です。

神社では、神さまに「お礼」を伝えましょう

〈神さま貯金〉でいうところの神さまは、必ずしも「日本古来の神さま」というわけではないのですが、神社という場所が、昔から人々が祈りをささげてきた神聖なところであることは確かです。

そこでお参りをすることは、日常生活でどうしても溜《た》まってしまう心の「澱《おり》」（汚れ）をクリーニングすることにつながります。

ですから、何かの折に神社に行ってお参りすることは、〈神さま貯金〉を貯めるためにもおすすめ。

また、神社では普段、あなたを見守ってくれている神さまにも気持ちが通じやすくなります。

神社にお参りした際は、願いごとをするだけでなく、ぜひ「いつもありがとうございます」とお礼も一緒に伝えてくださいね。

これが、神さまからの「歓迎」サイン！

お参りするのは、近所の神社でもいいですし、旅先にあった神社でもいいですし、たまたま通りかかった神社でもいい。あなたが足を運ぶことになったからには、ご縁がある神社なのです。

とはいえ、特に「相性がいい」神社があることは確かです。相性がいい神社を見つけるときに参考になる、簡単なチェックリストを用意してみました。

□足を踏み入れると、体がポカポカしてくる
□フワッと心地よい柔らかい風に包まれる
□境内で小動物に出会う

□鳥のさえずりが耳に飛び込んでくる
□雲間からお日さまが顔を出したり、降っていた雨がやんだりする
□体が軽くなったり、呼吸が深くなったりする

これらの体験をしたなら、神さまから熱烈に歓迎されている証拠。

また、たとえこのチェックリストになくても、あなたが、

「何か、いい感じ！」

「この場所、気持ちいい～」

と感じたなら、それは神さまが「よく来たね」と喜んでくれている証拠です。

ご縁がある神社なので、ありがたく参拝しましょう。

「相性」はタイミングによって変化する？

余談ですが、神社との相性は、時間がたつと変化する場合もあります。

奈良県吉野郡に天河《てんかわ》神社という有名な神社があることをご存じでしょうか。一般に芸能の神さまとして有名ですが、修験道《しゅげんどう》の聖地でもあります。

以前、私が天河神社に参拝に行ったときのことです。

車に乗って神社に向かっていると、急に暗雲が立ち込めて強い風がゴーゴーと吹き始めました。

あまりの天候の急変ぶりや周囲の雰囲気の異様さに驚いた私は、「これは、今日は行ったらダメだということなんだな」と察し、その日は「今日は引き返します。ごめんなさい」と神さまに謝って、あきらめることにしました。

それからしばらく経ってから、二回目にチャレンジしようとしたところ、たどり着く前に私の体調が悪くなってしまい、このときも断念。三回目のチャレンジでようやく神社に入ることができたのです。

なぜ一回目と二回目がダメだったのか……。

後から振り返ってみると、**私の「聖なる場所に行くための準備」が整っていなかったのではないか**と思います。

「神さまに会いに来ました」という真摯《しんし》な意識で向かい合う、こちらの心の準備が整ったときに、神さまは足を踏み入れることを許してくれたのかもしれません。

ですから、たとえ一度目はご縁がなくて行けなかった神社も、行く時間をずらしてみると、驚くほど温かく迎え入れてくれることがあります。

神社めぐりをする際に、ぜひ参考にしてみてください。

「散歩」をすることで、体と魂を〝大そうじ〟する

ここまで、自分の中を「ご機嫌」で満たす方法について紹介してきました。

本項では少し応用編、**「魂を磨く」方法**をお伝えします。

「魂を磨く」というと、たとえば滝行とか写経とか、ちょっとストイックなことを期待されるかもしれません。

でも、私が実践しているのは、もっとずっと簡単で、ごく日常的なことです。

それは、ずばり**「散歩」**です。つまり、**「体を動かす」**ことをしてほしいのです。

なぜなら、人間の「魂」と「体」は密接につながっているから。

神さまのメッセージを受け取りやすくするには、魂をきれいに磨いてそうじするのが一番なのですが、体を動かすことも、魂を磨くことにつながるのです。

「体を動かす」だけなら、非常にわかりやすく誰にでもできます。とても手っ取り早い方法ですよね。

松山にサロンを構えていた頃の私は、毎日の日課として「散歩」をしていました。郊外に住んでいたので、ちょっとコンビニに買い物に行くにも、結構な距離を歩く必要があったのです。

結果的にそれが非常にいい気分転換になっていましたし、毎日体を動かすことにつながっていました。

今は東京に住んでいますので、車や人通りが多い中、あまり長距離は歩けません。そこでどうしようか考えたすえ、私は前述したように、近所のジムに通ってピラティスを始めました。

東京に来たばかりの頃は、環境の変化に大きなストレスを感じていたのですが、ピラティスを始めてから、メンタルの調子がとてもよくなったことを実感しています。

やはり、「体を動かすこと」は、魂の状態をとても〝いい状態〟に整えてくれるのです。

過去にとらわれない、未来を心配しすぎない

私も、相談者の方に「体を動かしましょう」とおすすめすることはよくあります。というのも、相談者の中には、不安感が強くて部屋の外に出られない、仕事や学校に行くのが怖くてたまらない、という状態になっている方がたくさんいるからです。

そんな方にも、「体を動かすこと」はとても効果的な方法なのです。

人間の「頭」はとてもやっかいです。

「この間、あの人にあんなことを言われた！」

と、過去に起きたことにとらわれたままだったり、

「三年後の自分、どうなってるんだろう」

と、起きてもいないことをクヨクヨ心配したり……。

これは、「頭」が勝手に不安を生産して、体を縛っている状態。こんなときは、決まって「肉体」が退屈して、刺激に飢《う》えているのです。

だから、運動によって「肉体」に刺激を与えてあげれば、「頭」のおせっかいな干渉をはねのけてくれます。「クヨクヨ」や「モヤモヤ」なんて、あっけなく吹き飛んでしまうでしょう。


私は今はジムに通っていますが、**基本的には「散歩」、つまりウォーキングで十分です。**

ウォーキングすることによって、足の親指と小指、踵《かかと》の3点が大地にアタックします。すると、仙骨《せんこつ》（お尻のあたりにある三角の骨）が刺激されるのです。

その刺激が、背骨を通って、頭蓋骨《ずがいこつ》に到達し、頭蓋の中にある「蝶形骨《ちょうけいこつ》」という蝶の形をした骨にも伝わります。すると、仙骨と蝶形骨が共振します。

これに、「気」の流れをスムーズにする効果があるのです。

汗を流すことで体のデトックスをし、歩くことで「気」の流れを整え活性化させましょう。イライラしたり、傷ついたり、気分が落ち込んでいたりするときほど、体を動かすようにしてください。

散歩をする時間もなかなか取れないという方は、通勤や通学の間の電車やバスで、ちょっと体の使い方を意識してみるといいでしょう。

電車で立っているときに、肛門をギュッと締めるように意識してみてください。そうすると内臓が持ち上がりますし、体幹も鍛えられます。

体幹にはチャクラ（ヨガなどでいう、エネルギーの出入り口）が通っているので、それを活性化させることにつながるのです。

この方法は、座りながらでも可能です。いつでもどこでも、気づいたときに「お尻を締める」を意識してみましょう。

これも、〈神さま貯金〉を貯めて強運体質になる方法の一つです。

深い悲しみから自分を「すくい上げる」方法

「体を動かすこと」は、深い悲しみや絶望感、深刻な喪《そう》失《しつ》感に襲われてしまったときにも効果的です。

私自身、16年の歳月を共に過ごした愛犬を亡くしたとき、深刻なペットロスに陥《おちい》ったことがあります。そのときも、**「体を動かすこと」の大きな力を知っていたおかげで、何とか乗り切ることができました。**

このときの経験は、今の自分の基礎になっています。当時の私のような状況にいる方の参考になればと思いますので、少しお話させてください。

愛犬の名前は「ゆき」といいます。

彼女と私は、ほぼ365日一緒に過ごすほどの強い絆《きずな》で結ばれていました。ペットというより、もはや「人生のパートナー」だったのです。

とはいえ、やはり16歳という年齢は、犬としては老齢です。いつかは見送らなければいけないと感じてはいたのですが……。

別れは、あまりにも突然にやってきました。

ある日、サロンの定休日の前夜のことです。最後のお客さまを送り出した私は、いつものように、部屋の隅《すみ》で私を待っているゆきに声をかけました。

「ゆきちゃん、お疲れさま。お仕事終わったよ」

すると、ゆきから思いもかけない返事が返ってきたではありませんか。

「今までありがとう！　私は今日、逝《い》きます」

あまりに突然のことに衝撃を受けましたが、ゆきの気遣いはしっかりと伝わりました。彼女は、自分を看取《みと》りやすいよう、私の手をわずらわせない「定休日の前夜」を、自分の逝く日と決めていたのです。

なかなか見送る決意を固めることができずに涙を流す私を、ゆきは辛抱《しんぼう》強く待ってくれました。ゆきが逝くまでの間、私はサロンの椅子に彼女を抱いて座り、私たちに残されたわずかな時間を共有しました。

二人の思い出は、どんどん過去に退行していきます――。やがて、ゆきの魂は体からゆっくりと離れていきました。

その晩、私は朝になるまで、ゆきの亡骸《なきがら》を抱いて眠りました。そうして翌日、ゆきを近親者で葬《ほうむ》ったのです。

〝絶望の海〟に沈みかけた私を救ってくれたのは……

それから一週間は、意外と平気でした。仕事がある日は、やはり気が張っているのでしょう。**他人に必要とされることは「落ち込み防止」になる**のですね。

だから日常生活に特に支障はなかったのですが、ゆきが亡くなった一週間後の定休日の朝、私に異変が起こりました。

ベッドから起き上がる気力がわきません。体が動かないのです。

「起きて何をするの？」

「食事をしてどうなるの？」

「呼吸をして何になるの？」

繰り返し繰り返し、私の脳内で答えのない問いかけが続きました。

このとき、私は〝落ち込む〟という感覚を身をもって体験しました。

それはまるで、真っ暗な深海にブクブク沈み込んでいくような、とても恐ろしい感覚でした。

夜も、悲しみのあまり、深く眠ることができません。うつらうつらしたと思っても、すぐにまた悲しみが襲ってきて目が覚めてしまう……。

私のサロンには、絶望感にさいなまれている相談者さんもたくさん来られます。

私は、ゆきを亡くしたときに、そうした方の気持ちを身をもって知ったのです。

とはいえ、サロンには私を必要とする人が毎日来られます。いつまでも落ち込んでいるわけにはいきません。

私はその日から、ジムに通うことに決めました。

ゆきが亡くなってから一カ月ほど、仕事終わりと休日、**余った時間はとにかくすべて、ジムで体を動かすことにつぎ込みました。**徹底的に、汗をかくことに精《せい》を出したのです。すると、体を動かしている間は、悲しみのスイッチが切れることがわかりました。また、体が適度に疲労してくれるので、夜、ぐっすり眠れるようになりました。

こうして、私は自分の心のコンディションを少しずつ整えていくことに成功したのです。

心が完全に沈み込む前に、神さまにSOSを届ける法

「落ち込む」「沈み込む」……。この心のウツ状態から回復するためには、体に負荷をかけて動かすことが一番効果的です。

気力を回復させるためには、食事よりも何よりも「豊かな睡眠」が一番の特効薬なのです。

「心の状態を変える」ことや「感情を変える」ことは難しいけれど、アプローチさえ変えれば、案外簡単です。つまり、**行動のパターンを変えてみる**のです。

体が健《すこ》やかになると、心はつられて朗らかになります。

あなたがもし今、深い悲しみを抱えているのならば、ぜひ外に出て動きだしてみてください。人混みにまぎれる勇気がまだわいてこない方は、まずは部屋の掃除から始めてみてください。

できるだけ立ち止まらず、就寝時間まで体を動かしてみてほしいのです。

そうして体を適度に疲れさせて「豊かな睡眠」を重ねるだけで、心の照明はどんどん明るくなっていきます。

心が明るく「ご機嫌」になっているとき、〈神さま貯金〉は自動的にどんどん貯まっていきます。だから、神さまからの助けが素早くやってきます。

しかし、心が「暗くて不機嫌」な状態が続いてしまうと、〈神さま貯金〉が目減《めべ》りしていくので、神さまにあなたのSOSが届きにくくなります。

すると神さまからの助けが来るまでに時間がかかりますので、暗闇から浮上するきっかけをつかむのが、どうしても遅くなってしまうのです。

「夜明け前」が一番暗いのです

神さまは、ときどきこうした「試されごと」（試練）を私たちに与えますが、**そこには必ず〝意味〟があります。**

私はゆきを亡くして深い悲しみを味わったおかげで、今まで当たり前だと思っていた日常が、とてもありがたいものだということを知りました。その気づきが、私に新鮮な気持ちをもたらしてくれ、明日からの活力となりました。

ゆきを亡くしたとき、自分に仕事があることがとても幸せでした。「忙しくしていられること」のありがたさには、このとき初めて気づきました。

「人から必要とされること」が、これほど自分にとって救いになるとは、そのときまで知らなかったのです。

またこのときの経験で、私は相談者さんに「寄り添う」ということの意味を、以前よりも知ることができたと感じます。

ですから、私は今ではゆきとの「出会い」と「別離」を経験させてもらったことに感謝しています。**そこからの学びや気づきまですべて含めて、神さまの〝はからい〟だったことに気づいた**のです

あなたにも、もしかするとこれから「深海に沈み込んでいくような感覚」に襲われる夜が来るかもしれません。いや、誰の一生にも、そうした瞬間は必ず訪れるものです。

でも大丈夫、そうなったとき、あなたにはもう「夜明け」がすぐそこに来ています。その悲しみを乗り越えた後の景色は、以前とはまったく違うものです。世界がとても美しく、輝いて見えます。

そうしてあなた自身、それまでの自分を脱皮し、キラキラ輝く、強くて新しい自分に生まれ変わっていることでしょう。

エピローグ

――「ミラクル」を起こす力は、いつもあなたの中にある

本書をお読みくださり、ありがとうございました。

〈神さま貯金〉は、神さまが「思わず応援したくなる人」になるコツをまとめたものです。

〈神さま貯金〉を貯めれば貯めるほど、神さまがあなたの後押しをしてくれるので、いつの間にか周囲に「いいこと」や「いい人」が集まってきて、自然に願いをかなえるルートに乗ることができるのです。

人は、こういった人のことを「強運だ」とか、「特別だ」と思いがちなものですが、決してそうではありません。

実は、**それはとても簡単で、誰にでもあっさり実現可能なことなのだ**というこ

とをお伝えできたなら、うれしいです。

大切なことは、いつもシンプル

そして〈神さま貯金〉を貯めることは、**周囲に対しても、自分に対しても、優しくなれること**でもあります。

なぜなら、本書でいう「いいこと」とは、シンプルに「心がうれしくなること」だから。

あなたも、これまでの人生で、何気なく無意識のうちにした行為に対して、人から「ありがとう」とか、「おかげ様です」と感謝されたことがあるのではないかと思います。そのときの気持ちを思い出してみてください。

そんなときのワクワク感は、特別なものですよね。

ハッピーな気持ちで満たされたあなたの心は、大喜びしたはずです。

言うまでもなく ここには「義務感」も「責任感」も存在していません。

「打算」や「計算」すらもありません。

神さまが喜ぶ「いいこと」とは、こんなにもシンプルで幸せなことなのです。

ここに気づけば、すべてが「思い通り」に進んでいく

本来、人間は、与えたり、分かち合ったりすることが「心の栄養」になる生き物です。それが自然にできる人って、とても素敵ですよね。

だからこそ、こんな人は神さまから特別に愛されるのでしょう。いうまでもなく、神さまから愛される人は、〈神さま貯金〉を貯めるのが上手な人です。

あなたもぜひ、本書にある方法を参考に、今の自分にできることを一つでいいので、実行してみてください。〈神さま貯金〉を貯めることを意識して、一日を過ごしてみてほしいのです。

そうやって、**自分にとってシンプルに「うれしいこと」、「気持ちがいいこと」を、コツコツ積み立てていく**と、何が起こるか……？

やがて必ず、周囲の人からも、神さまからも、そして幸運からも「愛される人」になっていきます。

そうして、大きな愛に包まれていることを実感したとき、

「自分は、今、人生をとっても楽しんで生きている！」

と気づくことができるはず。

あなたの人生は、間違いなくあなたのものです。

お互いに、与えられた命を「使い切る」という感覚で、毎日を楽しく、大切に過ごしたいものですね。

本書が、その一つのきっかけになることを心から願っています。

真印

真印（まいん）

スピリチュアル・カウンセラー。四国・松山で、いわゆる「霊能力」を強く受け継ぐ家系に生まれる。訪れる人を不思議な力によって癒す仕事をする曾祖母・祖母の姿を見て育ち、自身も幼少の頃よりスピリチュアルな力を有していた。長くその力を封印していたが、美容師の傍ら行なっていたカウンセリングが「驚くほど当たる」と評判になり、1999年、カウンセリングサロン『silva真印』を開設。以来、これまでに導いてきた相談者の数は約10万人を超える。2019年よりサロンを東京に移し、活動の幅をより広げている。主な著書にベストセラーとなった『いいことが次々やってくる!「神様貯金」』をはじめ、『「神様貯金」がどんどん貯まる本』、『魂のヴィジョン』、『聞くだけで心も体も痛みが消えるソルフェジオ周波数CDブック』などがある。

＊本作品は、当文庫のための書き下ろしです。

だいわ文庫

願《ねが》いをかなえる〈神《かみ》さま貯《ちょ》金《きん》〉

著者　真《ま》印《いん》

二〇二〇年四月一五日第一刷発行

発行者　佐藤靖
発行所　大和《だいわ》書房
東京都文京区関口一-三三-四　〒一一二-〇〇一四
電話　〇三-三二〇三-四五一一

フォーマットデザイン　鈴木成一デザイン室
本文デザイン　根本佐知子（梔図案室）
本文イラスト　田中チズコ
本文印刷　厚徳社
カバー印刷　山一印刷
製本　小泉製本

ISBN978-4-479-30812-6
乱丁本・落丁本はお取り替えいたします。
http://www.daiwashobo.co.jp